無駄《規制》をやめたらいいことだらけ

令和の大減税と規制緩和

渡瀬裕哉

ワニブックス

はじめに

政治家の「生殺与奪権」を握るのは誰か

「日本全体のために正しいことでも、自分たちが選挙で不利になるような政治や経済の改革をやる政治家はいない」

これは国会議員も含めた日本の政治関係者の常識です。筆者は政治の世界に関わるようになって二十年以上この言葉を政治家から直接的に聞かされ続けてきています。

「生殺与奪の権を他人に握らせるな」という有名な漫画のセリフがありますが、日本で予算や法律を作る政治家は、選挙を通じて彼らの政治生命を「他人」に常に握られています。

そこで、次に問題になってくるのは、その政治家の生殺与奪権を持つ「他人」とは誰か？ということになります。

政治家は選挙に勝たねばなりません。その際、票や金で応援してくれる企業や業界団体は政治家にとっては自らの生殺与奪権を持った存在です。

そのため、政治家は彼らのために一生懸命に予算や規制を作って利益誘導を行います。それが日本経済の手枷足枷《てかせあしかせ》になっても気にすることはありません。役人も政治家と一緒に予算や規制にぶら下がる天下り先づくりに勤しみます。

政治家は既得権を持つ団体から毎年のように要望書を受け取り、選挙の際には「政策協定」を結んで利権の維持・拡大を約束します。オープンになっているものもあれば、クローズドなものまで様々です。

総選挙の時期になると各政党がマニフェストを公表しますが、あれは自党を応援してくる既得権組織からの要望の束を綺麗な言葉に加工したものに過ぎません。マニフェストに書いてあることの大半は修辞を取り払ってしまえば、「俺たちの団体に金をよこせ」「俺たちの食い扶持《ぶち》になる規制を強化しろ」ということが書いてあるだけです。

その帰結として政治家、役人、既得権者は日本の経済や社会が滅茶苦茶になっても仕方がないと思っています。彼らは自分たちの部分最適化された利益を主張してそれをゲットできればいいだけです。むしろ、現在では新たに利権を取ろうという意志すら風化してしまい、誰かが過去に作った利権の仕組みを維持する惰性しか残っていないケースも少なくありません。

このような日本の足を引っ張る人々のことをタックスイーター（税金や規制に群がる人々）と言います。

筆者は過去のキャリアとして知事選挙・市長選挙などに関する選挙のコンサルタントの仕事

をしていたこともあり、企業や業界団体との生々しい現場に何度も遭遇してきました。タックスイーターからの無理筋の要求を加工し、淡々と仕事として有権者の目視に耐え得るマニフェストの文言にする作業などもしてきました。

ただし、心の奥底では自分の良心との間でジレンマを感じていたことも事実です。

筆者の生家はいわゆる典型的なサラリーマンの家です。政治の世界では政治に関してTVなどを見ることでしか情報が取れないサラリーマンや主婦のような人たちを無党派層と呼びます。そして、無党派層は政治の世界では「無視してよい存在」として扱われています。もっと分かりやすくと言うと、無党派層は上記の既得権者に支払うコストを負担するATMのように見なされていると言っても過言ではありません。

無党派層を言い換えると、タックスペイヤー（納税者）と呼びます。

日本にはタックスペイヤーのための政治は原則として存在せず、政治家や役人はタックスイーターの代理人に成り下がっています。

筆者はタックスペイヤーの家庭の出身者ではありますが、仕事関連ではタックスイーターに囲まれる人生を過ごし、自己矛盾を抱えた悩ましい人生を送ってきました。恥の多い生涯を送ってきたと言えます。

しかし、自らの原点に立ち返ってみると、現状の腐った政治を変える方法は「不要な税金を減らして規制をなくすことだ！」ということに確信が持てるようになりました。

そのため、筆者は前述の選挙コンサルタントの仕事に見切りをつけて「タックスペイヤーのための政治をどのように実現するのか」を皆さんにお伝えする活動を始めています。

新自由主義批判という既得権を守ろうとするデマの蔓延

「日本全体のために正しいことでも、自分たちが選挙で不利になるような政治や経済の改革をやる政治家はいない」

何度も言及しますが、この状況を変えない限り、どのような美辞麗句を並べたところで、日本の経済や社会は良くなりません。世の中のルールを作る政治家が作り出される根底を変更することが望まれます。

タックスイーターの政治からタックスペイヤーの政治へ。

そのためには、日本の政治や経済に関する巷《ちまた》の俗論をひっくり返す必要があります。特に一部で積極的に流布されている新自由主義批判に属する言説のデマを正すことが重要です。

新自由主義批判とは、主に二〇〇〇年代初頭の小泉・竹中改革によって日本が「小さな政府」

になったことで、日本の経済や社会の状況が悪化し続けているという言説です。「小さな政府」とは税金や規制が少なくなることを意味しています。政府の力が後退することによって、市場経済を通じて「富める者は更に富み、貧しい人は更に貧しくなった」という話は一見するとそれっぽい面もあります。

しかし、現実にはこれらの新自由主義批判は大嘘であり、むしろ日本は「小さな政府」とは真逆の「大きな政府」の路線を突っ走っています。

「大きな政府」とはタックスイーターの政治であり、真面目に働くタックスペイヤーの人たちを食い物にする政治のことです。「大きな政府」では、税金は重くなり、規制の数は増え続けることになります。

では、日本政府が近年どの程度「大きな政府」になってきたかを数字で簡単に証明しましょう。日本の税金・社会保障費などの負担率を示す国民負担率は、昭和四十五年（一九七〇）は二四・三％でしたが令和二年（二〇二〇）には四六・一％にまで引き上がっています。つまり、政府を運営するための国民の負担は五十年の間に約二倍に膨れ上がっています。この数字は直近数年間でも相変わらず上昇し続けています。

また、総務省行政評価局によると、平成十四年（二〇〇二）三月に一万六百二十一個であった規制（許認可等）の根拠条項等数は、平成二十九年（二〇一七）四月一日には一万五千四百七十五個まで増えています。実に一日約一個のペースで国民の手足を縛る許認可等が増えているのです（単純に絶対量が増えているだけでなく、強力な規制の数も増加しています）。

日本の税負担や規制数は確実に増加しているのです。そして、この税金や規制のひとつひとつにシロアリのようなタックスイーターが巣食っているのです。国家のシロアリは人々が望む商品・サービスをほとんど何も作ることはなく、政府と癒着《ゆちゃく》して生活の糧《かて》を得ています。

これらのタックスイーターを擁護する言説が新自由主義批判なのです。「税金や規制が減っている！　これが諸悪の根源だ！」というのは真っ赤な嘘です。

今や頑張る人から上前を撥《は》ねる仕組みが増えたことで、日本の政治や経済は元気がなくなってしまっています。

日本を元気にするために、無駄なことをやめれば、いいことだらけ！

現在の日本の沈滞した政治や経済のムードを変えていくにはどうしたらよいのでしょうか。

そのためには、タックスペイヤー（納税者）やリスクを取って挑戦する人を大事にする政治を作っていくことが求められます。まずは様々な情報媒体で積極的に事実を伝えていき、多くの国民が正しい政治とは何かを知るきっかけをつくることが必要です。

そして、政治的に無視されてきた無党派層がタックスペイヤーとして目覚め、政治家に対して、有権者として改革を迫るようになれば世の中は変わります。政治家の生殺与奪権をタックスイーターからタックスペイヤーの手に取り戻すことが重要です。

本書は令和三年（二〇二一）一月から「FM世田谷」で放送された『渡瀬裕哉の日本経済復活大作戦』という週一ペースのラジオ番組の内容を書籍としてまとめたものです。

このラジオ番組は筆者の私財及び心ある人からの寄付で運営されてきたもので、若手政治系YouTuberの名嘉眞《なかま》要《かなめ》君と一緒に「今日は何の日？」というテーマに沿って、日本の政治・経済に関する話題をタックスペイヤーの視点から分かりやすく伝えてきました。

本書はそのラジオ放送の内容を編集・加筆した政治・経済に関するウンチク本です。つまり、読者の皆さんが友人や家族に話して、「〇〇さんって物知りなんですね」と言ってもらえるお役立ち本となっています。そのため、お堅い政治・経済の話はちょっと……、という人にこそ手に取っていただければ嬉しいです。

それぞれのエピソードの中には「世の中にある無駄な税金や規制をやめると、日本の産業や社会が元気になります」という話が詰め込まれています。

無駄な税金や規制をなくすことができるなら、その分だけ社会が明るくなって、皆が創意工夫を発揮して前向きに生きられるようになります。日本人が本来持っている知恵を活かせる環境ができるからです。

先ほど紹介したラジオ番組は令和三年八月の執筆時現在では放送局を変更し、『渡瀬裕哉の日本経済復活の処方箋』という番組名で、毎週金曜二十二時～から「FMサルース（横浜）」や二十二時三十分から「FMしながわ」で放送しています。もちろん、インターもネットや携帯アプリで日本全国どこでも視聴いただけます。

今後とも様々な媒体を通じて発信し、政治と経済の課題を多くの人に分かりやすくお伝えしていくことができれば幸いです。

もくじ

第一章

日本の産業を元気にする

第四章

学問を元気にする

第五章

日本を開かれた国家にする

第六章

自由な社会を元気にする

装丁・本文デザイン：木村慎二郎

第一章

日本の産業を元気にする

宇宙産業が地上を元気にする！　広がりまくる宇宙ビジネス

本書を手に取ってくださった方は、「宇宙」と言ったら何を思い浮かべるでしょうか。難解な映画で知られるＳＦの名作『２００１年宇宙の旅』、あるいはスペースオペラの金字塔『銀河英雄伝説』、スペース・デブリ（宇宙のゴミ）回収屋を描いた漫画の『プラネテス』、もっと身近なところでは広く親しまれている『宇宙戦艦ヤマト』や『機動戦士ガンダム』のようなアニメ作品でしょうか。

アニメで描かれるように宇宙空間で自由自在に行動することは、まだまだ難しいのですが、今から半世紀ほど前に人類は月面で、とあるスポーツをすることに成功しました。一九七一年、史上三度目の月面着陸を実現したアポロ十四号のアラン・シェパード船長が、月面でゴルフクラブを振ったのです。人類が宇宙でプレイした初めてのスポーツは、ゴルフでした［※1］。

一九六九年、アメリカのアポロ十一号が初めて月面に着陸し、人類が月に第一歩の足跡を残してから、一九七二年のアポロ十七号まで続いたアポロ計画では、十二人の宇宙飛行士が月面に降り立ち、合計で約四百キログラムの月の石を持ち帰りました。

二十世紀の米ソ冷戦時代を背景に、こうした宇宙計画が進められたこともあり、宇宙というと軍事技術との関係を思い浮かべる人も多いでしょう。初の月面着陸から半世紀を経て、人類と宇宙との関係は、実はビジネスの世界に広がっています。現在、世界で急速に発展しているビジネス分野のひとつが、宇宙ビジネスです。

二〇二〇年に民間初の有人宇宙飛行を成功させたSpaceX社のイーロン・マスク氏や、日本でも実業家の堀江貴文氏が出資する北海道のインターステラテクノロジズ株式会社が二〇一九年に民間小型ロケットの打ち上げに成功するなど、現代は民間企業が宇宙に手を伸ばす時代となっています。

筆者の友人にも、ベンチャーで宇宙ビジネスに取り組んでいる人がいます。小型の衛星を宇宙に打ち上げ、ビジネスに活用しようというのです。

地球の軌道上には四千機を超える人工衛星が巡っています。軌道上から地球の大気に遮られることなく遠くの天体を観測するものから、気象衛星のように地球を観測するもの、通信を中継するものなど、機能は様々です。自動車や携帯電話で当たり前に使えるようになった地図のナビゲーション機能なども、人工衛星を使った機能です。宇宙産業調査会社であるEuro Consultによると、五百キログラム未満の約一万三千九百十個の衛星が今後十年間で打ち上げられると予測しています［※2］。

地表を観測する技術は、日進月歩で進歩を続けています。最近では地球の大気が雲に覆われていても地表の様子が分かるリモート・センシングの技術も発達してきました。数十センチ四方のちょっとした箱ぐらいの大きさの小型衛星でも地上の様子を撮影できます。宇宙から地表を撮影した画像や映像は、国境線も何もない、地図で見たことのある陸と海の広がりを目《ま》の当たりにできて、とても感動的です。人類で初めて、そうした光景を肉眼で見たソビエト連邦の宇宙飛行士ユーリ・ガガーリンが「地球は青かった」と言ったような気分が味わえるだけではなく、この技術には多くのビジネスチャンスがあるのです。

人工衛星から地表の様子が見えると、どのようなビジネスに活用できるのか、二つの例を挙げてみます。まず一つめは、農業や農作物への投資です。

たとえば、大豆の生育状況を地上や飛行機から見るよりも、広い範囲で見ることができます。どの地域でどのくらい育っているかが分かると、気象の情報と合わせて、その年の大豆の価格や仕入れ量、どこにどれだけ運搬するかなどといった貿易や商売に役立つ情報となるのです。もちろん、農作物の作り手側も、土壌の状態や天候も含めた情報を活用した精密農業が可能になります。

二つめの例は、航路の安全です。

現在、デジタルの力で世界中の通信には、ほとんどタイムラグがなくなりました。人の移動も航空機が活用されています。その一方で貿易など大量の物資を運ぶためには、やはり船での輸送が欠かせません。

近年、海運で注目されているのが北極海航路です。一年のほとんどを氷に閉ざされてきた北極海も、夏場には氷が解けるようになったからです。極地の氷が解けることは、地球温暖化など環境の観点からネガティブなイメージで言われることが多いのですが、ビジネス環境に大きく影響する利点もあります。

太平洋に面した日本からヨーロッパ方面に向かう船の航路は、非常に長い距離を長期間かけて移動します。日欧の主要な港間の距離は、現在の主要航路をみるとインド洋を経由しスエズ運河を通る航路は約二万キロメートル、南アフリカの南端の喜望峰を経由する航路は実に約二万五〇〇〇キロメートルです。北極海航路を使うことができれば、これが一万二千～一万三千キロメートルに縮まります。

北極海航路の商船通航には砕氷船支援や耐氷船の燃費向上などの課題はありますが、人工衛星からどこの氷が解けているかを知ることができれば、船の安全な運航に役立つ情報が得られます。実際に株式会社ウェザーニューズが、二〇一一年から北極海を航行する船舶の安全運航を支援する『Polar Routeing』サービスを提供しており、その支援を受けながら北極海航路の安全な運航が行われています〔※3〕。

これらの二つの例は、宇宙ビジネスのほんの一部です。このように宇宙から地球を見るだけでも、色々なビジネスの可能性が考えられるのです。

もっと趣味的に宇宙ビジネスを使っていいのだったら、筆者は『機動戦士ガンダム』のスペースコロニー型の小型衛星を作って、ガンダムのプラモデルを載せて飛ばすことを思いつきました。スペース・デブリの問題が解決されたら、そういう趣味的なものもビジネスとして成り立つかも知れません。実際、前述のインターステラテクノロジズ株式会社が二〇二一年七月にTENGA《テンガ》を飛ばしたのも面白アイディアのひとつです〔※4〕。

アメリカのワシントンにあるSIA（Satellite Industry Association、衛星産業協会）は、宇宙ビジネスの市場規模を測定してレポートを発表しています〔※5〕。

二〇二一年のレポートのエグゼクティブサマリーによれば、世界全体の宇宙ビジネスの市場規模は、日本円にしておよそ四十兆円です。この十年間で倍近い成長を遂げていて、このまま続けば二十年後には百兆円市場を越えるまでに成長すると言われています。二〇二一年度の日本政府の当初予算は一〇六兆円規模ですから、いかに大きな市場かが分かると思います。アメリカやイスラエルなど、多くの国が商用の宇宙ビジネスに積極的に参加するようになり、今後も市場は大きくなっていくと見られています。

これだけ大きな市場規模を持つと、色々な企業や人たちがプロジェクトに関わってきます。たとえば日本の例では、国際宇宙ステーションにある日本の実験棟「きぼう」に関するＪＡＸＡ（宇宙航空研究開発機構）のプロジェクトとして、新薬設計、加齢研究、小型衛星、船外ポートなどを通じて多くの民間企業との交流が図られてきています［※６］。

最近こそ、日本でも宇宙ビジネスに乗り出すベンチャー企業が出てきましたが、元々、日本の宇宙産業は大手企業が引き受けて、基礎を築いてきました。中でも、ロケットや人工衛星の事業で中心となってきた企業は、三菱重工業、ＩＨＩ、三菱電機、ＮＥＣが代表的です。政府から研究開発の委託を受け、衛星を打ち上げる事業を担ってきたのです。

日本で宇宙産業が本格始動したのは、一九八〇年代後半頃のことです。日米通商交渉で衛星の発注に関して入札の自由化が検討されたとき、日本の衛星を作る技術は、まだまだアメリカには敵《かな》いませんでした。そこで日本政府は、いきなりビジネスとするのではなく研究開発を名目として、日本の衛星技術を保護しました。これが「日米衛星調達合意」です。

政府が保護をするということで、宇宙産業に従事する人たちは安心してビジネスができます。

一方で、保護されているので競争も市場もなくなってしまいます。

航空機や人工衛星、ロケットなどを開発・製造する企業や、航空輸送、貿易商社で構成される日本航空宇宙工業会は、宇宙機器産業の実態報告書を公開しています。二〇一九年の報告では、宇宙機器関連企業の売上高は三千二百億円あまり。内需や輸出入、研究開発費、設備投資、雇用の各項目がすべて前年比で減少しています。二〇〇〇年以降、およそ二千億円台から三千億円台の間で推移していて、潰れることはないけれども事業は大きく発展もしていないのです［※7］。

では、世界の商用ビジネスに参加し、納期やコストの面で欧米企業と戦えるのかというと、技術力とは別の問題が日本企業の課題となるのです。利益を出そう、より安い価格で製造しようという開発をしている外国企業に対して、日本は政府に紐づいた研究開発事業のため「技術発展」が開発の目的となっているので、高額になる傾向があるとともに、実績面も含めてどのように売っていくかという点で世界に後れをとっているのです。

これは宇宙産業に限らず、日本の産業全体の問題でもあります。政府の保護により技術は一流になっても、世界と肩を並べて売っていく力が足りなくなってしまったのです。後の祭りではありますが、もしかしたら政府がへたに保護をせず、自由競争で揉まれた方が道が拓けていたことも考えられます。

現在、宇宙産業はベンチャー企業だけでなく、これまで日本の宇宙産業の中心となってきた大手企業も、民間市場にどんどん出ていきつつあります。たとえばＩＨＩは小型のイプシロンロケットの打ち上げを成功させ、商業衛星の打ち上げに参入しました。一度の打ち上げに複数の衛星を積み込む相乗りのような事業も増えています。

日本の宇宙産業は政府の保護のもとで育成され、技術力はかなり高くなりました。大きなロケットの打ち上げを支える部品には、特定の町工場の職人が製造している特別な品質のものもあります。

宇宙ビジネスは、一見遠い世界の話のように思えますが、食料生産や海運のナビゲーションに限らず、一般の人の普段の仕事や生活で「こんなことができたらいいな」という自由な発想から、無限に発展していく可能性のある身近なビジネスです。

日本の宇宙産業を強く、大きく育てるために色々な民間のアイディアで盛り上げていけば、将来、世界の時価総額ランキングのトップ五〇に日本の宇宙企業がランクインすることだって考えられます。時価総額ランキングに登場するＴＯＹＯＴＡに大勢の人が勤めているように、日本人の多くが日常的に宇宙企業で働くようになるかも知れません。宇宙産業の発展は、地上の事業や生活も豊かで元気にすることにつながるのです。

製薬産業を阻むものは何？
医療先進国・日本の製薬はまだまだ成長する

現代の成長産業のひとつに、製薬産業があります。

人類と病原菌との闘いは歴史が古く、資料が残っているケースだけでも紀元前から存在しています。現代医学の劇的な進歩には、細菌感染を制御し、感染した際にはきちんと治癒《ちゆ》させる技術が大いに貢献しています。大きな契機となったのは、一九二八年にイギリスのA・フレミングが発見したペニシリンの実用化です。

ペニシリンの臨床実験が成功したのは一九四一年のことで、第二次世界大戦で傷病兵の治療に用いられました。日本でも昭和十九年（一九四四）に陸軍軍医などによって開発に成功しています。

ペニシリンは、現在でも改良が続けられ、すぐれた細菌感染治療薬として使われています。

その一方、ペニシリンが開発された後は、この特効薬で治療できない感染症が判明していきます。ウイルス感染です。

科学や医学が発達した現在でも、ペニシリンに対する耐性を獲得した耐性菌や、これまでヒトへの感染例のなかったウイルス感染などが次々と現れ、人類と感染症との戦いは今後も続くと言われています。つまり、様々な感染症に対する治療薬の開発は今後、より一層重要になっていくとともに、新薬の開発を担う製薬産業は私たちの健康とも密接に関係している分野だといえるのです。

既存の病気や症状、新しい感染症に対して、新しい薬の開発を担っているのが製薬企業です。新しい薬は、いくつものテストを経て、効果や安全性を厳しく検査されます。一定の検査基準をクリアすれば、実際に人体での投与と効果の確認を行い、正式に新薬として政府から承認を受けて市場に出ていくこととなります。政府からの承認を得るための試験過程を治験と言います。

二〇二〇年来の新型コロナウイルス感染症の世界的流行に際しては、この対応が各国政府の重要な課題となりました。ワクチンや治療薬の開発を政府が支援し、通常よりも優先的に承認して感染症の蔓延《まんえん》に対処しようとしたのです。たとえばアメリカは、ドナルド・トランプ政権のもとで「オペレーション・ワープ・スピード」と呼ばれるワクチン計画を実施しました。元々の民間企業の研究や生産体制を基盤としながらも、一七〇億ドル（約一兆八千億円）の資金投入、産官学の連携、手続きの簡素化により、通常は五年から十年かかると言われるワクチン開発を一年以内に実現する成果を上げています。

日本は、当初の段階では、ワクチン接種に関しては調達を他国の供給頼みとなっていますが、治療薬に関してはある程度柔軟な対応を行っている部分も見られました。二〇二〇年五月には、重症患者を対象に、抗ウイルス薬「レムデシビル」の投与を厚生労働省が特例承認し、続いて七月に抗炎症薬「デキサメタゾン」が新型コロナウイルス感染症の治療薬として認定されています。「レムデシビル」は、二〇二一年一月には投与対象の基準を拡大する追加措置が行われました。

一般的に、新薬の開発には基礎研究から実際に市場に出るまで、十年ほどかかると言われています。さらに、海外ですでに販売されている医薬品のうち、日本では未承認となっている未承認薬の問題や、海外に比べて日本での発売までに時間がかかるといった問題もあります。

たとえば、アメリカで医薬品の審査を行うのはＦＤＡ（アメリカ食品医薬品局）です。アメリカでＦＤＡが承認した薬を日本国内でも流通させる場合は、厚生労働省の承認を受けるため、日本国内でも治験を行う必要があります。同じ医薬品が市場に出るまで、他国に比べて長い時間がかかることを「ドラッグ・ラグ」と言います。日本製薬工業協会によると、一昔前の二〇一〇年の時点の比較で、世界の市場に初めて登場した医薬品が各国で承認発売されるまでの平均期間は、もっとも早いアメリカで〇・九年、当時の日本は四・七年でした。より効果のある医薬品による治療を待つ患者さんにとっては、この四・七年のタイム・ラグは非常に長いものです。医療先進国と言われる日本でも、当時は新しい医薬品の普及の面では世界で三十八位と決して良い環境ではなかったのです。

現在は、政府と審査機関が協力して、承認スピードを速めるための取り組みが行われています。国際共同治験への積極参加や、病院ごとに行われてきた臨床試験をネットワーク化することで一度に多くの試験ができるようにするとか、審査員を増やすことによる審査の迅速化など、規制も緩和しながら効率的な審査・承認プロセスの整備を行っています。その結果、五年近くもあったドラッグ・ラグは一年にまで短縮されました。

ところが、問題はそう単純ではなかったのです。承認までの期間が短縮・効率化され、薬は作りやすくなったはずなのですが、日本の製薬メーカーがアメリカなど海外で薬を作るようになってしまったのです。代表的なものが抗がん剤です。

「日本で抗がん剤が承認されない理由の一つに、そもそも日本で開発が行われていないという背景がある。欧米発の新薬は小規模な製薬会社やベンチャーが創製し、実用化を担うことが少なくない。とりわけ最先端技術を駆使したケースは、その傾向が強い。従来であれば、そうした最先端の薬を日本の製薬会社が導入し、日本での開発を担うのが一般的だった。

ただ日本の製薬会社もグローバル展開が進み、薬価引き下げの圧力が強い日本の収益依存は下がり、世界最大の医薬品市場である米国に投資を集中している。米国での権利取得を優先して新薬を獲得したり、企業買収するケースが多い。米国での事業化を優先するため、日本での実用化は、どうしても後回しになりがちだ」

（化学工業日報2021年3月24日【社説】「急増する抗がん剤のドラッグ・ラグ」）


簡単に言うと、アメリカの方が市場規模も大きいため、それらの海外市場でのビジネスを優先するようにならざるを得ないということです。日本の製薬企業がアメリカで共同開発し、海外で効果が認められて使われている医薬品が日本では手に入らないということすらあります。未承認薬の問題です。

製薬会社は、時間や資金の面でも莫大なコストをかけて薬を開発しています。たとえ日本の製薬会社が国内で新薬の開発に成功したとしても、治験の規格が日本と国際標準で異なると、海外市場で流通させるために、さらにコストがかかります。手続きが規制によって非効率だったり、国内の医療・医薬品の市場に魅力がなければ、製薬会社も国内で新しい薬を作ろうと考えなくなってしまうのです。これもまた、今病気で苦しんでいる人や、まだ治療薬のない病気を抱えている人たちにとっては深刻な問題です。また、今は健康でも、病気にかかる可能性は誰にでもあります。そのときに、他の先進国には効き目の高い薬があるのに、日本では手に入らない場合もあるのです。

日本の製薬産業が元気をなくしている問題は、社会保障の仕組みにも原因があります。

令和三年（二〇二一）度予算の一般会計に占める社会保障関係費の割合は、三三・六％で、一般的な税金の使途のおよそ三分の一にあたります。社会保障関係費の内訳で大きなものは年金と医療で、両方合わせると約七五％となっており、いずれも年々増え続けています。

一方、政府の税収は無限に増えるわけではありません。無理矢理取ろうとすれば、経済活動が停滞して国民生活が成り立たなくなってしまいます。すると、増え続ける部分をどう削ろうか、抑制しようかという話になります。医療費の場合、税負担抑制のためにターゲットとして狙われるのが薬価です。

日本は国民皆保険制度のもとで、医療サービスへの対価が一定の割合で税負担となっています。自己負担の割合は、七十五歳以上で一割、七十歳から七十四歳までは二割、それ以外の人たちは三割です。税金で負担する割合が大きければ大きいほど、予算に占める医療費の割合は大きくなります。すると政府は、医療費抑制のために様々な手法を用いて薬価を下げようとするので、製薬会社は新しい薬を開発するだけの利益が生まれなくなってしまうのです。これでは悪循環です。

政府の予算に対して、無駄に使っている部分を改めてもらうことと同時に、国民の側ももう少しだけ自己負担を増やしていくことができれば、薬価に対する引き下げ圧力が緩和され、製薬会社が新しい薬を開発しやすい環境に近づきます。薬価の自由度は新薬の開発に直結する問題です。同時に治験や承認の規制を緩和しつつ、できるだけ海外市場に合わせた形とすることで、効率化する努力も続けていけば、今まで治療薬がなくて困っている人や、もっと早く病気を治したい人たちに、日本国内で薬を提供できるようになることはもちろん、日本で開発された良い医薬品を持って世界の市場に打って出る展望も開けます。そうすれば、日本の製薬産業は良質の医薬品だけではなく、関係企業も含めた多くの人たちの雇用も作っていくことになります。

製薬産業は今でもすでに十分大きな産業ですが、より大きく強くなって、文字通り人を癒《いや》し、日本経済を癒すことに貢献できるのです。

日本は医療先進国だと言われます。その一方で、技術は高くても、規制や法律、条例などで様々な制約を課されて企業活動がしづらい、しかもロクに儲けが出ないとなれば、経営上、その技術を国外へ持っていってより良い環境で使おうと判断されてしまいます。

日本の医療は国民が税金で支えている部分が非常に大きいのですが、その括《くく》りをひとつ飛び越えてみる発想の転換が、多くの人たちを元気にします。自分たちも医療サービスにもっと身銭を切っていこうと多くの人が考えれば、本当に必要な医療や製薬に企業は投資することができます。たくさんの人たちが助かり、日本企業が成長することで日本経済も上向いていくことになるのです。

保護産業の酪農？　いえいえ強い酪農は世界でも戦える！

成長の著しい産業を二つ取り上げた後ですが、ここでは世間で「何となく弱っていて保護しなければいけない」と思われている産業を取り上げてみましょう。

突然ですが、皆さんは日本の牛乳がものすごく美味しいのをご存じでしょうか。牛乳が好きだからとか、喉が渇いているからという話ではなく、海外に行ったことのある人はまずうなずいてくれる話です。とにかく、日本の牛乳は美味しい。

牛乳が一般庶民に普及したのは、明治時代になってからのことです。古代に渡来人から献上された乳製品が貴族に珍重されたり、江戸時代に徳川吉宗が牛を飼って搾乳《さくにゅう》してみたりはされていましたが、明治時代にオランダ人からノウハウを学んで生産体制が整備されるとともに、日清戦争・日露戦争の際に傷病兵の栄養剤として一般に普及しました［※8］。

明治時代初期は、新しい国づくりをするため、色々な先進技術を海外から取り入れようと外国人の先生を雇います。昔の日本人は、自分たちの国が欧米列強に対して少し遅れた状態にあるなら、どんどん学んで新しい知識を得ようとしました。新しいものに対する好奇心や、国を発展させようという使命感、強い列強に対して国の独立を保とうという思いの中で、海外の良いものを取り入れ、自分たちも強い国にしようと考えたのです。

明治九年（一八七六）、北海道に札幌農学校が設立されます。日本で最初の官立農学校です。アメリカの農科大学からウィリアム・スミス・クラーク博士を招き、当時最先端の酪農技術を導入しました。札幌農学校の初代教頭となったクラーク博士は、植物学や自然科学を英語で教え、キリスト教の普及活動も行います。実習や実験に重きを置いた教育により、まだ始まったばかりだった北海道の開拓を指導できる人材を育てます。クラーク博士が日本にいた期間は八か月と短い期間でしたが、農業や酪農などの基礎を北海道に築きました。「北海道開拓の父」

とも言われます。

明治初期の北海道には、戊辰《ぼしん》戦争に敗れた旧幕府軍側の武士も多く渡って来ていました。江戸時代の認識であれば、武士は公務員です。農業は民間の仕事にあたりますから、最初は不満も持たれたようです。そうした人たちも次第に北海道に根付いていき、新しい日本の農業を作り上げる中で酪農の魅力も感じられていくようになったのです。

クラーク博士が日本を去る際、教え子たちに残した「少年よ、大志を抱け」という言葉には、お金や名声を望んで頑張るというよりも、人間の本来持つべき志、「大志のために頑張ろうね」という意味合いがあったと言われます。当時、これから欧米列強に追いついていこうとする新しい国・日本の人々に、事業やお金は大切だけれども大事なことはそれだけではないという言葉を残した人です。その後のクラーク博士の生涯を見ると、最期は非常に苦労して亡くなったと言われていますが、世界一周の船の上で大学を作ろうとしたり、カリフォルニアのゴールドラッシュに挑んだりと、好奇心や事業的な野心も旺盛でした［※9］。

こうしたクラーク博士の精神を引き継ぐかのように、酪農事業は生産量や品質を向上させていき、戦前日本の大きな産業となります。昭和初期は農家が酪農を兼業することが奨励され、東南アジアへの輸出も増えました。戦後は零細化した酪農家の集約化や生産技術の向上で一度に多頭の乳牛を導入した生産量の大きな酪農家も増え、国民の栄養と健康の向上に貢献しています。

ところが、現在の日本の酪農は、政府による統制が非常に強いことが産業をかえって弱らせています。酪農に限らず、日本の農業に共通するのは統制の側面が強い産業だということです。基本となっているのは、需給調整です。

需給調整は市場で流通する量を政府が統制する仕組みです。市場で余らない程度がどれくらいかを予測し、生産から流通まで管理され決められた価格で販売されるので、経営コストに見合わない部分については補助金を出し、輸入は規制されます。

こうした国民の食卓に日常的に上るような食品の需給調整は、政府主導によって行われています。なおかつ、地域ごとに生産・流通などで縄張りのようなものができ、地域内では競争もなるべく起こらないようにして、全体的に統制しましょうということになるのです。

こうした統制の影響で、身近なものでは、バターが売り切れる現象があります。本来であれば、ニーズのある商品はどんどん生産されます。だから欲しい人はお店の棚から商品を買って手に入れることができるのです。最初から供給量を計画して、それに見合った生産をさせる方式では、ニーズが増えたときには棚から商品が消えます。

欲しい人がたくさんいるのだから、普通は国内の生産で足りない分は輸入品などが埋めます。ところが、それも規制しているので入ってこないのです。平成二十八年（二〇一六）に起きたバター不足では、当時のＧＡＴＴ（関税及び貿易に関する一般協定）で輸入義務となっている年間七千トンに加え、六千トンの追加輸入を政府が決めたことが話題となりました［※10］。

酪農の仕組みに関する研究には、高崎経済大学の佐藤綾野教授によるものがあります。二〇一三年の論文で、佐藤教授は戦後の酪農家再編や運搬技術の問題から流通、価格、品質の管理まで、その仕組みの課題を鋭く指摘しています［※11］。

現在の制度では、簡単に言えばもっと生産効率を上げ、供給量を増やす努力をするような生産者はあまり望まれていません。なおかつ生産量が足りなくても、国内産業保護の名目で輸入を解禁することもないので、結局は生産性を下げているだけになっています。

製品がスーパーなど小売店で売られているため、一見すると市場経済だと勘違いされがちですが、これでは配給制と変わりません。実際には、スーパーで商品棚に並ぶまでの過程で、価格が固定されているからです。自由な市場には、需要があって製品が少なければ価格が上がり、上がった価格での利益を求めて生産が増え、供給が増えれば価格が下がるので損をしないために増産が落ち着き、最終的に適度な価格で需給が均衡するという機能があります。乳製品は、この市場機能の外側にあり、単にスーパーが値付けを多少調整したり、買う側が欲しいか欲しくないかを判断したりする余地が残っているだけです。

生鮮品の仕入れや小売は、なかなか難しいものです。賞味期限が短いため、値引きが発生しやすいのです。農水省は小売業者に対して、仕入れ時の過度な値引き要求をしないように求めています。一方、この制度は小売や卸業者と生産者の協力による、価格の工夫などで新鮮な製品をたくさん売るというインセンティブも働きづらい仕組みです。

これでは、最終的には消費者にとっても不利益です。より良い製品を必要なタイミングで手に入れることができないからです。商品がお店の棚からなくなったら、再び棚に並ぶまで何日も待たなければなりません。

現在は、それらの規制が酪農家を守っていることになっているのですが、逆に酪農家の数は減り続けています。実は、守ることができていないのです。戦後の復興から酪農を育ててきた面はあるにしても、古いスタイルの農業の形や、なおかつ少しだけ市場原理を活用した事実上の配給に近いような仕組みは、限界にきているのではないか、というのが現在の酪農の体制です。

最初に、「日本の牛乳はとても美味しい」と書きました。日本の農業は競争力がないと言われることがよくあります。しかし、海外の製品と比べると、別次元の美味しさです。日本産の安全て高品質の乳製品は、海外で販売すると現在とはまったく違う価格で売れるかも知れないのです。

日本にいると、もうずっと経済が停滞しているので実感しづらいのですが、実は、市場は国外で拡大しています。世界の経済成長はどんどん進んでいます。少し前の時代とは異なり、先進国にしかマーケットがないということもありません。現行の体制を何とか維持しようとするよりも、拡大する国外市場に対して商品を供給していけるようなブランド力や、それを可能にする体制を作っていく方が重要です。縮小する市場に合わせて、生産者をただ縛りつけておくよりは、むしろ市場が大きくなっているところへ打ち出していって、安定供給することによって国内への安定供給を支える方が合理的です。

酪農や農業に限らず、規制改革を行うと日本の産業は潰れてしまうのではないかと心配する声も聞きます。しかし、今、何もしなくても潰れていっているのです。酪農に関して言えば、酪農家の数も減っていれば、生産量や供給量も減っている状況にあります。今の制度下では、単純に産業が衰退していくだけです。

今の体制を続けていけば、日本の小さな市場の中で農家はジリ貧になっていくでしょう。現在の世界経済の状況では起こりにくいことですが、突然世界中の貿易市場が閉じてしまうようなことが起こったとします。そんなとき、国内の生産力は急には増やせません。今の体制を変えて、海外市場に安定供給ができる力を持っておけば、もし海外の市場で何か起こっても、国内には農家の生産力がたくさん残るのです。

そうした体制の転換に成功した事例がひとつあります。同じ牛ですが、こちらは食肉です。牛肉を保護していたときも、規制緩和で海外輸入の牛肉が入ってきたら、畜産農家は潰れてしまうと叫ばれていました。実際には、日本の畜産農家は「和牛」という高級ブランドを生み出します。生産コストに見合った値付けがされるので、国内消費者にも日常消費には手が出ない価格となりましたが、一方で和牛が外国に知られることで海外産の牛肉も日本でもっと売るために改良が進みました。消費者にとってこれは喜ばしいことです。

それだけでなく、人口が縮小していくことが分かっていて、しかも購買力のない日本市場には外国もコストをかけてわざわざ良い商品を売りにはきません。海外の伸びていく人口に対して、日本ブランドを十分に供給できるような「強い農家」を日本に作っていくことが日本経済を元気にします。経済が元気なら、日本の市場は国産でも輸入でも商品が手に入り、食卓が元気になります。これは、日本にとって本当の意味での食糧安全保障につながるのです。

地ビールが規制改革の成功例!!　その理由《わけ》は

市場に打って出るのは、海外だけとは限りません。国内市場に参入するにも、ベンチャーの人たちは多くの規制の壁と対峙《たいじ》することになります。この壁を何とかしたいと思う事業者は多く、これまでになかったものを多くの人に届けたいという熱意が実った例をご紹介します。

地ビールです。

日本の地ビール協会を中心に、平成十一年（一九九九）に「地ビールの日」を定めました。毎年四月二十三日です。日本は全国各地に地ビールがあります。これは、酒類に関する規制が改革された結果、生まれたものです〔※12〕。

そもそもビールとは、どういう飲み物でしょうか。これを定義したのが、一五一六年四月二十三日に施行された「ビール純粋令」です。ドイツでもこの日は「ビールの日」となっています〔※13〕。

ビール純粋令は、当時のバイエルン公国でヴィルヘルム四世によって発布された法律で、この背景には色々な原料を使った質の悪いビールが横行していた事情があり、王様がビール醸造所や販売について細かく規定しました。むしろ、これは規制強化の日なのですが、現在のビールに使われている材料と同じ、大麦とホップ、水以外の原料を使ってはいけないと規定されたのがこのときです。

ビール製造大手、キリンビールの調査によれば、二〇一九年の世界ビール消費量は、一億八千九百五万四千キロリットル。新型コロナウイルス感染症が世界中で流行した二〇二〇年以降は一割ほど減る見通しですが、それでも相当な量のビールが世界中で消費されています[※14]。

国別でもっともビールが消費されているのは人口の多い中国で、十七年連続で消費量国別ランキング一位です。中国は経済成長もしているので、需要が伸び続けています。

ビールは嗜好《しこう》品ですから人口に対して消費する人の割合は限られますが、経済成長することでお金を持っている人が増え、日常生活の中でお酒を飲める人が増えたことになります。消費量ランキング二位はアメリカ、三位がブラジルです。ちなみに日本は、このランキングでは七位です。一人当たりの消費量が多いのは、ドイツと思いきやチェコが一位、ドイツは三位です[※15]。

ビールの種類は世界で百種類以上あると言われます。生産している国は百五十か国に及び、銘柄は一万種を超えます。日本でも大手ビールメーカーの製品だけでなく、色々な種類のビールが作られていますが、実は日本で地ビールを作れるようになったのは最近のことです。

酒類の製造や販売は免許制です。免許の取り扱いや酒類の定義、分類などは酒税法に定められています。平成六年（一九九四）の酒税法改正までは、地元の小さな酒蔵がビールを作ることは規制されていました。酒税法には、色々な種類のお酒について年間の最低製造量が定められています。定められた量を下回る製造量の場合は免許が受けられません。ビールの場合は、改正前の年間最低製造量が二千キロリットルと定められていました。大手メーカーでなければ、なかなか製造が難しい量です。この基準が法改正で六十キロリットルに大きく引き下げられたことで、大規模な事業者以外の酒蔵でもビールを作って販売できるようになったのです。

現在では、全国各地で多種多様なビールが作られ、消費者も好みに合わせて楽しめるようになっています。ある程度大きな企業の作っている種類だけでは、趣味嗜好に必ずしも合ったものが手に入らないという人でも、自分の好きなものが選べるようになったのです。

年間最低製造量の引き下げは、規制緩和です。大手でなければ難しかった事業に新しい事業者がどんどん参加できるようになったことで、新しい製品が生み出されたということです。

全国の地ビールメーカーが集まった団体、ＪＢＡ（全国地ビール醸造者協議会）は、地ビールを次のように定義しています。

1．酒税法改正（1994年4月）以前から造られている大資本の大量生産のビールからは独立したビール造りを行っている。

2．1回の仕込単位（麦汁の製造量）が20キロリットル以下の小規模な仕込みで行い、ブルワー（醸造者）が目の届く製造を行っている。

3．伝統的な製法で製造しているか、あるいは地域の特産品などを原料とした個性あふれるビールを製造している。そして地域に根付いている。

（全国地ビール醸造者協議会　http://www.beer.gr.jp/local_beer/）

最初に紹介した「ビール純粋令」が原料を限定しているのに対して、地ビールは色々な原材料を使って作れることが特徴です。製品そのものの規制という意味では、ビール純粋令という五百年前の規制強化にならって作られてきたものが、日本でようやく緩和されたことになります。

地ビールは規制緩和の成功例ですが、むしろ問題は酒税の面です。安定的に販売量のある嗜好品なので、しょっちゅう増税されています。また、販売量の伸びている酒類には増税し、売れ行きが下がってきたものは減税するといったことも行われています。

特に一九九〇年代から二〇〇〇年代にかけてビールに対して増税が集中します。ビールメーカーは麦芽使用量を規定値以下に抑えた発泡酒を開発して対抗します。ところが発泡酒に人気が出て売れてくると発泡酒が増税され、今度は麦芽を使わない「第三のビール」が開発されるという、増税と開発のいたちごっこになりました。このため、ビールやビール系飲料で三種類もの税額ができ、令和二年（二〇二〇）の酒税法改正でようやく統一されたところです。

多様なビールを消費者が選べるようになったことと似たものに、塩があります。現在は様々な塩が売られていますが、以前は専売制度によって取り扱える事業者は日本専売公社だけでした。

塩の統制が始まったのは、明治三十八年（一九〇五）のことです。日露戦争の膨大な戦費を調達するため、財政収入の確保を目的に専売制が導入されます。政府によって統制された物品の収益が戦時の費用に充てられることは、よく行われています。明治政府が初めて専売を導入したのはたばこで、日清戦争後の財政難への対応です。支那事変が始まったときには、工業用アルコールが専売の対象となりました。太平洋戦争が始まると、石油が専売化されています。

昭和六十年（一九八五）、日本専売公社が民営化した後も、塩の専売事業は日本たばこ産業に委託する形で続けられ、塩の自由化が行われたのは平成九年（一九九七）と、ごく最近のことです。塩の専売は百年近く続いていたことになります。塩の専売が行われていたときには、戦後も専売公社の指導により原料や製法からパッケージのデザインまで決められていたといいます。より良いものを作りたいと思っても、品質を均質化しようとする指導を受ける酪農の話とも似ています［※16］。

自由化によって新規事業者の参入が促され、事業者が製法や質にこだわった塩づくりができるようになりました。嗜好品のビールにしても、生命維持や日常生活に欠かせない塩も、自由化によって事業者や消費者への恩恵が増えたのです。

ふるさと納税の問題点？　自立した自治体が日本を強くする

世界各地には、歴史や言い伝え、風習などがもとになった祭りがあります。日本でも全国各地で一年を通じて大小様々な祭りが行われ、祭りひとつひとつに地元に根付いた由来があります。

各地の祭りは、主に地元の人たちの間だけで長く続けられてきたものもあれば、百万人単位の見物客を集めるような大きなものもあります。日本の三大祭りと言われているのが京都八坂神社の祇園祭、大阪天満宮の天神祭、東京神田明神の神田祭ですが、令和元年（二〇一九）の全国夏祭りで集客ランキング上位には青森ねぶた祭や秋田竿灯《かんとう》まつり、山形花笠まつりなど東北の祭りや、徳島県の阿波おどりなどが並びます。数百年から千年を越える歴史を持つ祭りが日本各地にたくさんあり、祭りに合わせて旅行を計画する人も多いでしょう。こうした祭りには観光産業の側面があるのです。

地域の特色を活かして観光を振興するイベントも、全国に多くあります。基本的には実際に現地に行って参加し、その土地の人と交流したり、地場産の美味しいものを食べたりして、特産品をお土産に持って帰るという人の流れができます。政府が観光を振興する施策を行うこともあります。

実際に現地に行かなくても、地域経済に貢献できる制度もあります。「ふるさと納税」です。長野県泰阜《やすおか》村で導入された寄付条例がもとになり、平成二十年（二〇〇八）から始まりました。菅義偉《すがよしひで》首相（二〇二一年現在）が総務大臣だった頃に推進されていたものです。

都市圏と地方の地域間格差や、地方の過疎化の問題は長年の課題とされています。地方の税収が少なくなり、財源不足に悩む地方自治体には税収の大きい都市部から分配する仕組みもあるのですが、あまり大きく行うと逆に都市圏の納税者には不利益になってしまいます。そこで地方自治体に対して他の地域の住民が寄付を行い、寄付者の年収に応じた上限まで住民税や所得税から控除を受けられる制度が作られました。

現在は多くの人たちが、このふるさと納税を利用しています。制度が始まった平成二十年の実績が八十一億円、以後順調に利用者が増えていき、十年後の平成三十年（二〇一八）には五千億円を超えるようになりました。ふるさと納税の仲介サイトも次々と立ち上がっています。自社ポイントの還元もある楽天や、ａｕのようなよく知られているＩＴ企業をはじめ、旅行会社や百貨店が運営するサイト、独自の返礼品を用意しているサイトなど、サービスも充実して使い勝手も良くなり、短期間で広く浸透することに成功した制度です。

当初、ふるさと納税は、自分の出身地にしか払えないような制度が議論されていました。それでは利用する人もいないのでは？　ということで、誰でもどこの自治体に寄付してもよいことになったのです。自治体ではより地域の魅力を活かした返礼品を考え、仲介サイトには食品や飲料品から工芸品、家電に雑貨に観葉植物などなど、多くの返礼品が掲載されています。インターネットのショッピングサイトのような作りなので、ちょっとしたお取り寄せグルメの感覚で利用する人も多いようです。

税という側面から見ると、利用者は直接的に自分の納める住民税、税金を何に使いたいのかを指定できるので、税を市場化したという意味で画期的な制度だったと考えられます。ただし現在は、返礼品にアマゾンギフト券を配ってしまう自治体も出てきてしまい、各地の魅力のアピールや日本全体の観光振興といった元々の制度の趣旨から外れているのではないか、という批判もあります。

ふるさと納税には、もうひとつ税制上の問題もあります。

自分がどこかの自治体を選んで納税すると、自分が住んでいる場所へ納める住民税がその分減る仕組みになっています。では、どのくらい減るのかというと、自治体によって変わります。地方交付税による補填《ほてん》があるからです［※17］。

地方交付税を受けている自治体の場合、減った税収分の七五％が補填され、実際に減る税収は二五％です。地方の人たちがふるさと納税をすると、自分の住民税は控除されて、納税先の特産品が手元に届きます。そして納税者の住む自治体には失った税収の七五％が政府から補填されるという、利用者と利用者の住んでいる地域にとってお得な話になります。一方、地方交付税を受けずに自律的な財政運営を行っている東京都の自治体の場合、東京都民がふるさと納税制度を使っても、補填はありません。東京の人が同じ制度を使うと、住民税の控除と特産品を手にできますが自治体の税収は補填されることなく失われるので、個人（住民）だけが得をしたことになるのです。これでは、納税者としての感覚を都市部と地方の双方で育てることは難しくなってしまいます。ふるさと納税によって、税収が減って悲鳴を上げている東京都市部の自治体も出てきています。

でも、ちょっと冷静になって考えてみてほしいのです。ふるさと納税に負けてしまう程度の住民サービスしか提供できない自治体に問題があるのではないかと。自分の住んでいる自治体に税金を払うぐらいだったら、地方に税金を納めて和牛をもらった方がいいやと思われている、「その程度の住民サービスなのですか?」ということです。

ふるさと納税に対して文句を言っている東京都の自治体は、住民の行政に対する信頼感や、納税者とのコミュニケーションに問題があることを見直してみた方がより建設的です。地元との関係が薄くなりがちなサラリーマン世帯にとっては、強制的に徴収される感覚はあっても納税者としての恩恵が感じられにくいものだからです。実際には様々な日常の行政サービスを受けていたとしても、それが「地方から和牛を頂くことに負ける」、その意味を行政側も一度真剣に考えてみるとよいのです。

必要なのは、納税者とのコミュニケーションです。納めた税金がどのように使われているのか、無駄にしない努力がどのようにされているのか、改善点は何か、そうしたコミュニケーションがなされていれば、政府からの補填を受けない自立した財政環境にある東京都にとっては、ふるさと納税は大きな問題にならないはずです。

自分たちが住む地方自治体の政策のあり方を見直すという意味で、ふるさと納税には意味があります。この制度をうまく活かして、自分たちの地元がもっとマトモにならなければいけないという意識改革を行うことができるからです。支援したいと思う自治体に、自ら選んで納税できるのは意義のあることです。同時に、その選択をするときに衡量《こうりょう》されるのは返礼品の内容ではなくて、自身が住む自治体の税の使い方なのです。東京都民は自分の住んでいる自治体があまりにも税の無駄遣いをしているようなら、ふるさと納税を通じて全国各地の名産品を楽しみながら地元行政の改革を促す方法もあり得るかも知れません。

ところで、住民の大勢がふるさと納税で他所の自治体に税を納めてしまっても、政府から補填を受けることのできる自治体にも問題はあります。地方交付税頼みの財政は、その依存性に批判も多い仕組みです。

地方交付税は、対象となる地方自治体が最低限使う金額に対して、税収が足りないと政府が補填する仕組みです。地方自治体は都道府県と市町村の二層構成になっていて、都道府県は四十七、市町村は千七百十九に及びます。このうち、地方交付税を受けずに自力で財政運営を行っている自治体は、令和二年（二〇二〇）度時点でわずか七十六団体です。これらは「不交付団体」という呼び方もされます。

交付を受けている各自治体が最低限使う金額とはいったい何でしょうか。算定根拠となる複雑な数式があり、何十年もの間に計算根拠の微修正がなされています。筆者が以前仕事で調べたときには、何十とある数式のたったひとつの算出根拠（単位費用）を調べただけなのに、何百ページもある専門の歴史書を参照せざるを得ませんでした。しかも、その本は国立国会図書館に行かなければ読めない絶版書になっています。

要するに、算出根拠が誰にも直ぐに分からないような状態で、地方交付税は分配され続けているのです。一見、数式にもとづいて合理的に算出されているように見えるだけで、根拠は非常にいい加減です。納税者が納めた税金が適正に使われるためには、こうした複雑すぎて誰も開けようとしないブラックボックス化したものも、見直して改めることが必要です。ふるさと納税によって全国各地の自治体は地域の特性を生かした収税が可能になったのですから、政府の地方交付税に依存するよりも地方自治体の自立を促していくような制度に変えていかなければいけないのです。

全国の自治体が自立し、各々がきちんとした行政運営を行うことは、日本の民主主義の土台の強化になります。制度が適正に、より良く運用されることで地方自治体が自立し、地方が元気になります。国としてのまとまりを持ちながら自立した地方自治体が全国各地にあるからこそ、日本は強くなれるのです。

国家戦略特区の再活用――挑戦する人を応援する

本章の最後に耕作も含めた農業分野の取り組みを例に、社会全体のマインドについて取り上げます。

第二次世界大戦末期、日本各地が空襲で焼け、敗戦後は海外領を失ったこともあって、深刻な食糧難とともに国内での農業生産再開と生産力向上が大きな課題となりました。連合国による占領統治下では、地主層が所有していた土地も含めて政府が耕作地を一旦取り上げ、それまで土地を所有していなかった小作農家にも分配して農業生産を振興していきます。

占領統治中の昭和二十四年（一九四九）八月四日には土地改良法が施行され、農業の生産性向上が図られます。土地改良法で定められている土地改良事業には、農業用排水や農道などの農業を営むための施設を作ったり、農業用地の区画整理、埋め立てや干拓、災害復旧、利水を含む権利関係の調整まで、農業に関する様々な事柄が挙げられています。戦前にあった耕地整理法に代わり、戦後の農地整備が進められてきた根拠となっている法律です。

この法律が制定された戦後間もない時期から、現在では経済状況も大きく変わっているのですが、現在でもこうした土地改良には予算が付き続けています。予算規模は、本予算と補正予算を合わせて、およそ六千億円です。平成二十一年（二〇〇九）の民主党政権のときには、この予算はもう時代に合わないだろうということで、二千億円程度まで一気に予算を減らしましたが、自民党政権に戻ると徐々に予算が戻っていきました。予算額六千億円は、外務省予算に迫る規模です［※18］。

戦争と戦時下の政策によって滅茶苦茶になったところから再建しなくてはいけなかった時代の仕組みのまま、現在でもこれだけの巨額の予算を使い、果たして本当に土地改良を続けることが日本の農業生産力の向上につながっていくのでしょうか。

土地の少ない日本は、広い国土を持つ大陸国と違って農業があまり強くないので、農業を支えなければいけないのだと思う人も多いでしょう。日本の農業が弱いか強いかは、統計の取り方によって変わります。輸出力は意外と強いのです。農業のどの部分に着目するかによって、今後の農業の発展の考え方も変わります。

農業の生産力を高めようという動きは、現在もあります。今の農家は、農家全体の戸数の中で兼業農家が多数を占めています。しかも、兼業農家の中でも所得が主に農業による農家より、農業以外の所得が主な農家の方が割合も多くなっています。そこで、実際に農業生産力を高めることを考えた場合、農業を専門に行っている農家を重視していくことになります。資本をたくさん集め、土地改良も含めて自分でどんどん農地を整備するとか、新しい技術を導入して生産性を高めるといったことを事業として行う人が必要になってくるのです。

第二次安倍晋三内閣で始まった国家戦略特区の枠組みを活用してこれを試みたのが、兵庫県北西部にある養父《やぶ》市です。

農地法は「農地所有適格法人」という規定で細かな条件を定め、農地を取得できる法人を制限しています。養父市は国家戦略特区として、農地法の規定に対する特例措置によりその制限を外す規制緩和を行いました。行政による規制ではなく、事業に参入する企業との契約という形で農業政策を調整しながら、より収益の高い事業化を目指す方法です。

平成二十六年（二〇一四）に特区指定を受けた養父市は、農業分野だけでなく多くの分野で規制緩和を行い、多くの民間企業が地域の経済や雇用の問題に取り組んでいます。これによって地域の農業の担い手が高齢化や人口減少によって減少し、耕作放棄地や空き家が増えるという全国各地の過疎地に共通する問題の軽減効果も上げながら、民間企業の活動によって生産から製品化、小売までを行う地域農業の第六次産業化が促進される成果を上げています［※19］。

国家戦略特区は、規制改革の効果や影響を限定された地域で実験してみるという意味もあります。うまくいけば、全国に広げようという仕組みである「はず」でした。ところが、養父市の事例は、成功したにも関わらず全国展開に待ったがかかってしまったのです。

政治家であれ、役人であれ、これまでの制度によって得ている既得権があります。利益を伴う権利ですから、それを持つ層に属する人たちは、あまり養父市のような制度は進めたくないのです。そこで「問題はなかったけれども、更なるニーズの調査が必要」という扱いとして、養父市の国家戦略特区の施策は二年延長されることになりました［※20］。

養父市のように地域産業としての農業が衰退していく問題を抱える地域はたくさんあります。養父市のケースではすでにニーズもそれに対する効果もあったことが分かっているのに、全国に広めるのはまだ早いとして、どうもうやむやにされてしまいそうだというのが現状です。

農業に限らず、あらゆる業種、組織でも同じことですが、物事が進まないようにするために「まだ早い」とするのは、よく使われる手法です。「全面否定はしないけれども」というクッションを置いて、手続きの一部にちょっと間違いがありますねとか、不十分ですねといった話にすることで、物事を後退させたり進めさせなかったりします。こういう手法をサボタージュと言います。

これは国家同士でも同じです。アメリカの情報機関のCIAが作成したマニュアルには、相手国の色々な機関をサボタージュさせ、物事が進まないようにさせて政府機能を麻痺《まひ》させるための方法もあります［※21］。

養父市の国家戦略特区施策に対する政府と与党の扱いも、同じです。問題がないのに、話が進まないのです。日本企業あるある、でもあります。

それだけ、今のままがよいという人たちも多いのです。一旦減らした土地改良予算も元通りに増え、税金で工事をすれば地域にどんどんお金が落ちます。ただ、それで農業が盛んになるということではありません。日本の将来を考えていくと、こうしたことも変えていかなければならないポイントのひとつです。「日本の農業を守れ」という建前で、実質的には農業を潰しているのと同じことだからです。

物事は、守りに入ると後手に回ります。日本の市場は国際的にも開かれているので、どんどん新しいもの、良いものを生み出して攻めの商売をしてくる人たちが大勢います。すると今度は、「貿易を制限してしまえ」と更なる守りに入ろうとする人も出てくるのですが、待っているのはジリ貧です。苦しい戦いでしのいだ挙句《あげく》、外堀を埋め立てられて最後は籠城もできなくなった大坂夏の陣の大坂城のようなものです。だから、本当に守るのであれば、闘って勝っていかなければいけません。それが厳しい人間社会、国際社会の掟です。

江戸時代末期に欧米列強が押し寄せて来たときの日本は、明治維新で新しい政府をつくり国をまとめ、殖産興業により死に物狂いで国力を高めて国際社会と真剣に向き合いました。現在と比べれば貧しかったけれども、当時の日本は勝ちにいきました。

第二次世界大戦で負けて、一旦は生産力の多くを失いましたが、日本は這い上がって世界第二位の経済大国となりました。すっかり国が豊かになって、補助金や政府の支援もありここまでもってきた。外堀が埋まっていくスピードを遅くできていたので、同じようにやっていけば日本の産業を守ることができるとみんなが思ってやってきました。しかし、現実を見れば徐々に外堀は埋まっているのです。そろそろ、みんな目を覚まさなければいけないときです。競争戦略論の大家であるマイケル・E・ポーターは著書『日本の競争戦略』の中で日本の産業保護政策は企業の成長を阻害したと喝破《かっぱ》しています。

地方も同じです。政府から補助金をもらう形で維持している地方自治体がほとんどです。そして都市との格差を嘆くのですが、これでは根本的な解決からは遠ざかるばかりです。地方はすでに衰退が激しくなってきています。今の仕組みをすべて維持したまま、地方創生予算をちょっともらって急場をしのごうというのは、言ってみればどくどく血が流失している傷に絆創膏をぺたっと貼るようなものです。本当のところは、僅かなお金をもらったとしても、どうにもならないとみんな分かっているのです。分かっていながらも、政府の保護の枠組みから一歩踏み出すという決断ができない。これは企業経営でも同じです。潰れる会社も、経営している人には潰れる前にすでに分かっているのです。本当は、みんな「これはもう駄目だね」と思っていても、何もすることがない状態のまま、会社は潰れていくわけです。

勝負して潰れる会社は当然あります。同時に、生き残る会社もあります。仮に、全体のうち勝負に打って出れば八割が生き残れるとします。人は面白いもので、その環境を知っていても自分が二割の側に入るのではないかと心配するものなのです。これは、二〇〇二年にノーベル経済学賞を受賞した経済心理学・行動経済学の分野を切り拓いたイスラエル出身のダニエル・カーネマンが唱えた「プロスペクト理論」です。人は、今持っているものを失う可能性の方が、新たに未来を切り拓く可能性よりも過大に見えてしまうのです。だから、色々な問題のある制度がそのままになってしまい、日本の未来への活力を奪う結果となっているのです。これは現在進行形です。私たちは今、勇気を持たなくてはいけません。

現在の政治や経済、社会に足りないものは、リスクをとる勇気です。そして、その勇気を良いものと評価する、そして支える、そういう文化を作っていかなければいけないのです。

少なくとも、政治が養父市の国家戦略特区の取り組みについて、サボタージュの理論を駆使することは、これは一歩を踏み出した勇気ある人たちを評価しないということですから、そういう政治はやめて、もっと前に進めるような選択ができるようにすることが大事です。

政治のような大きな話でなくても、個人でできることもあります。挑戦する人を勇気づけて後押しすることです。規制緩和は、これまでの仕組みで止めていたことを、できるようにすることです。挑戦していく人たちは、堀が埋められていくのを見て、城から打って出ようと決断した人たちです。打って出て、失敗するかも知れないけれども、新しいフロンティアを見出し、未来が拓ける可能性もゼロではない、それに挑戦しようという人たちを支えサボタージュの論理に乗らないことは、一人ひとりの個人でできるのです。

前向きなことを進めようという政治を支えることは、社会全体の雰囲気やマインドにも良い変化をもたらします。これには、年齢は関係ありません。若くても諦めてしまっていたり後ろ向きの発想をする人もいれば、年齢は高いけれども挑戦し続ける人もいます。年齢的な若さや老いに惑わされず、どんな行動をしているかで応援していけばいいのです。若い人は老人化しないで一緒に頑張ってほしいし、高齢者と呼ばれる年齢の人たちにも、どんどん青年らしく、しかも経験を活かして頑張ってほしい。先述の養父市では、シルバー人材センターの派遣事業で規制緩和をして、就業時間を延ばしています。これはその後全国展開された施策です。

そうやって挑戦する発想を大切にすることが日本の農業だけでなく、色々な産業を救っていくことになるのです。

※1 Smithsonian National Air and Space Museum「Apollo 14 Facts」
https://airandspace.si.edu/explore-and-learn/topics/apollo/apollo-program/landing-missions/apollo14-facts.cfm

※2 Euro Consult ,"Assessment + Forecast: The Small Satellite Market"
https://www.euroconsult-ec.com/in-the-news/op-ed-assessment-forecast-the-small-satellite-market/

※3 ウェザーニューズ、「北極海の海氷まとめ２０２０」を発表
https://jp.weathernews.com/news/33288/

※4 「ＴＥＮＧＡロケットプロジェクト」
https://rocket.tenga.co.jp/

※5 Satellite Industry Association「a Two-page Executive Summary of THE 2021 Report」
https://sia.org/wp-content/uploads/2021/06/SSIR21-Executive-Summary-2-Pager-FINAL.pdf

※6 ＪＡＸＡ『きぼう利用戦略　「きぼう」利用成果最大化に向けて アジェンダ２０２０』［第２版］
https://humans-in-space.jaxa.jp/kibouser/library/item/archive/scheme_2.pdf

※7 （一般社団法人）日本航空宇宙工業会「令和元年度 宇宙機器産業実態調査報告書」
https://www.sjac.or.jp/common/pdf/toukei/5_R1_uchu.pdf

※8 （一般社団法人）中央酪農会議「酪農と乳牛の歴史」
https://www.dairy.co.jp/jp/jp02.pdf

※9 University of Massachusetts Amherst
http://scua.library.umass.edu/umarmot/clark-william-smith/

※10 平沼健、Business Journal「誰がバター不足&高騰を「つくって」いるのか？　緊急輸入で行政法人が巨額利益」２０１６年
https://biz-journal.jp/2016/10/post_16805.html

※11　佐藤綾野「日本の酪農制度とその問題点」２０１３年
https://tcue.repo.nii.ac.jp/?action=repository_action_common_download&item_id=691&item_no=1&attribute_id=21&file_no=1

※12　クラフトビア・アソシエーション（日本地ビール協会）「23rd April is the Day of Beer & Craft Beer!」
http://beertaster.org/anniversary.html

※13　キリンビール大学「ビール純粋令と下面発酵」
https://www.kirin.co.jp/alcohol/beer/daigaku/HST/hst/no30/

※14　時事通信「２０１９年の世界ビール消費、２年連続増　20年はコロナで1割減へ―キリン調査」２０２０年
https://www.jiji.com/jc/article?k=2020122300932&g=eco

※15　「キリンビール大学レポート　２０１９年　世界主要国のビール消費量」
https://www.kirinholdings.com/jp/newsroom/release/2020/1223_01.pdf#_ga=2.48651822.925413322.1608789914-1139713044.1608789914

※16　「伯方の塩」の想い
https://www.hakatanoshio.co.jp/thought/

※17　区のおしらせ「せたがや」令和２年10月３日号「ふるさと納税特集号」
https://www.city.setagaya.lg.jp/static/oshirase20201003/pdf/p02.pdf

※18　外務省「令和３年度予算の概要」
https://www.mofa.go.jp/mofaj/files/100128364.pdf

※19　養父市『国家戦略特区と地方創生　養父市の挑戦』２０１９年
https://www.city.yabu.hyogo.jp/material/files/group/5/yabu-tokku-pamphlet.pdf

※20　時事通信「兵庫・養父で２年延長　企業の農地取得、特区改正法案を閣議決定」２０２１年
https://www.jiji.com/jc/article?k=2021021900962&g=eco

※21　United States. War Department. Strategic Services Unit「Simple Sabotage Field Manual」１９４４年
https://www.hsdl.org/?view&did=750070

第二章

民間の底力を活用する

政府よりも問題を解決した〝民間の力〟——米騒動の教訓

民間の力には、産業を元気にしたり、国民が生活の糧を得る雇用を生み出したりする以外にも重要な役割があります。民間には、その時々の社会的な問題を解決する力があるということです。おしなべて経済的に一定水準を超えて豊かになっている現代よりも分かりやすい、戦前の例を挙げてみましょう。

第一次世界大戦中の大正七年（一九一八）七月二十三日、富山県魚津町で漁民のおかみさんたちが米価の高騰に声をあげました。これがきっかけとなって、全国に米騒動が広がりました。時の政権、陸軍大将の寺内正毅《てらうちまさたけ》を首班とする内閣が倒れた原因のひとつとなった大きな事件です。歴史の教科書では、ロシア革命に対して列強各国とともにシベリアへ出兵するとの噂を受けて米の買い占めが起こり、不当な米価高騰に対する民衆蜂起が広がったという文脈で教えられることが多いようです。

一揆や暴動のようなイメージで語られてきた大正七年の米騒動は、近年になって実情はもっと違うのではないだろうかという見直しがされてきています。米騒動が始まった魚津の人たちがクラウドファンディングで資金を集め、言い伝えの取材や資料の調査をまとめた映画『百年の蔵』という映画も公開されました。

こうした社会的な事件は、教科書などで階級闘争や資本主義の矛盾、中央集権に対する民衆蜂起といった文脈で語られがちです。こうした視点での歴史観をマルクス史観と言います。とかく悪役視されるのが商社や銀行のような資本家で、このような社会的な問題は「行き過ぎた資本主義」などと解説されたりします。現在でも企業が不当な利益を取っているから、労働者の賃金が上がらないという主張はよく聞かれます。本当にそうでしょうか。

大正時代の米騒動に話を戻すと、実際には需要と供給のバランスが崩れて起きた事件です。米騒動の起きる直前、日本国内では例年の豊作で米価は下がっていました。米の値段が高騰したのは、一九一七年からの不作によります。

当時は現代と比べると食糧生産に不安定なところがありました。農業技術は発展途上ですし、海外からの米の輸入も行われていました。そして、一九一七年から一九一八年にかけての時期は、インドやビルマ（現ミャンマー）、タイといった海外の生産地でも凶作や不作だったのです［※1］。

さらに、国際的な情勢では、当時は第一次世界大戦末期です。日本は海外領の朝鮮や台湾から安定的に米を輸送することができていましたが、欧州の国々では物資不足が深刻です。イギリスやフランスの植民地だったアジア地域でも、不作に加えて他国への輸出よりも本国への物資供給が優先されました。日本では国内生産と輸入の両方が鈍化してしまい、米の価格が急激に高騰したのです［※2］。

この頃は国内産業の工業化が進み、都市部を中心に生活水準が向上していった時代でした。第一次世界大戦で欧州が戦場になる中、直接戦火に見舞われることのなかった日本では欧州からの輸入ができなくなったことから造船や鉄鋼、化学工業などが大きく成長したのです。これにより日本の産業構造も大きな変化を受け、工場労働者は倍増、都市部への人口集中が起こりました。

大正時代から昭和にかけて、都市部の低所得労働者が食べていたのは残飯です。当時は軍や弁当屋、劇場、百貨店などから出る残飯を貧しい人たちに安く売る業者があったのです［※3］。ところが大戦景気を背景に急速な都市化が進み、都市部労働者の所得が上がっていくにつれて、彼らも白米が食べられるようになっていきました。都市部の中間層が形成されていく先駆けです。現代でもおなじみの牛丼がよく食べられるようになったのも、この時代でした。

白米の需要が拡大したところへ、世界的な不作と食糧不足による供給減がぶつかったことにより、米価は急騰しました。買い占めや売り惜しみを疑われ、マスコミに名指しで悪者扱いされた大手商社の鈴木商店が焼き打ちされる事件も起こります。実際には、第一次世界大戦勃発当時にいちはやく船舶を押さえ、貿易部門で世界的なビジネスを展開していた鈴木商店は、政府の命を受けて海外米の輸入量を増やそうと努力していたことが分かっています。世界的な供給不足の中で何とか日本向けに米の買い付けができないかと、外交官と一緒になって外国と交渉していたのです。

米騒動に至った米価の騰貴は、需要超過に加え、自由貿易体制がうまく機能しなくなっていたことも一因です。当時は自由貿易のルールがなかったので、高い関税をかけたり、輸出を止めたりといったことが簡単にできてしまいました。第二次世界大戦以前に世界で自由貿易の傾向が強まったのは、一八四〇年代から三十年ほどの限られた間だと言われます。それ以前は重商主義、それ以後は関税政策を利用した保護主義が幅を利かせていたからです。

現在、貿易に関する国際ルールを運用したり、各国で話し合ったりする場としてWTO（世界貿易機関）があります。貿易をめぐる各国間の紛争解決機能がうまく働かなかったり、ルールの更改が世界経済の変化に追いつかなかったりといった色々な問題が指摘されていますが、TPP（環太平洋戦略的経済連携協定）をはじめとする新たな仕組みも試みられています。米騒動から得られる歴史的な教訓としては、「資本主義や資本家のせいで住民暴動が起きた」ではなく、「日本の食糧」という観点から見ても、自由貿易体制の健全な運用と維持が非常に重要なのだという本質を汲み上げる方が正しいのです。

学校で習ったことの中には、マルクス史観に偏ったものの見方をしていることが結構あります。現在、私たちは資本主義社会の中で生きているのだから、社会的な問題を考えるときには、学校で習ったことを大人になってからもう一度見直してみることも必要です。米騒動でいえば、日本の経済発展や経済成長にともなう生活水準の向上があり、その過程で世界的な米の不作が起こり、各家庭でおかみさんたちが家族に食べさせる米を手に入れるのにすごく苦労した事件、という理解になります。

ちなみに米騒動が終わったのは、騒動が始まった翌年（一九一九年）が豊作だったからです。不作のときと同様、日本国内だけではなく外国の生産地でも豊作でした。一九二〇年には海外生産地で日本向けの輸出が解禁されますが、日本も豊作なので価格も下がり、輸入の必要もなくなりました。

政府は価格制限をはじめ色々な米価安定施策を打ち、どんなに高くついても商社に損失を補填する形で買い付けさせるなど、あの手この手で米を確保しようとしましたが、米価騰貴は解決できませんでした。問題の解決は、政府の施策とまったく関係なく、「豊作」という実にシンプルな要因によってもたらされたのです。だからこういうときは政府があれこれと手を突っ込むよりも、食糧生産力を高めることの方が重要なのです。

米騒動のときには、もうひとつ非常に面白い市場原理が働いています。パン食の登場です。白米の値段が上がって買えないけれども、何かしら食べなければ生きていけません。すると、白米以外のものを原料とした食糧を作ろうと考える人が出てきたのです。現在も「超熟」など人気商品を製造・販売する名古屋の製パン大手、敷島製パン（Ｐａｓｃｏ）の創業者、盛田善平氏です。米騒動の食糧難から、「パンが米の代用食となりうる」として、起業しました。つまり、食べ物のイノベーションを起こしたのです［※4］。

市場には、問題を解決する力があります。政府があれこれと頭を悩ませているとき、民間は「白米の値段が上がったのなら、それより安い小麦を使ったパンを作ればいいのでは」といって新しい商売を始めることができます。小麦は、江戸時代にも水田の裏作や農民の食糧として栽培されていました。明治時代初期に三十六万ヘクタールの栽培面積だったものが、パン食の普及にともない大正時代には五十万ヘクタールに増えます。さらに一九二〇年代半ばからは小麦の輸入も増加していきます。徐々にパンが普及していくと、一般の消費者も手に入れやすくなっていきました［※5］。

第二次世界大戦後も、小麦は米の代用食として国民の食糧難を救うことに寄与し、現在では若い人たちがお米よりもパンを食べているとか……。日本の朝食はご飯よりもパン食が多くなるほどパンは日常の食品となっています。

ちなみに、食生活全体に影響を及ぼすようなイノベーションを起こし、新しい食べ物が生まれたのも、別に政府が「パンを作れ」と言ったわけではありません。日露戦争から大正時代当時の二大国民病のひとつ、脚気《かっけ》対策で海軍は洋食を取り入れましたが、せいぜい海軍で麦飯が食べられるようになった程度で、陸海軍ともにパンは普及しなかったぐらいです［※6］。

米騒動に見られるような政府の施策や、現在に至る税制といった政府の規制は、簡単に言えば、基本的には「今ある商品だけを対象にした政策」です。新しいものを生み出すのは、民間の力なのです。民間に任せておくと、何かひとつ値段が高騰すれば、それと競争する安価なもの、別の材料を使った新しいものを開発します。これは地球環境の問題とも関係します。

たとえば、エネルギーです。石油の希少価値が上がって、これまで通り使えないときには、代替となる安価な資源を見つけてきたり、もっと少ない石油で同じエネルギーを使えるような技術革新が起こったりするのです。政府の力で無理やり制限しなくても、民間は利益を上げるために必死で努力するからです。現在、欧米も日本もCO2排出量削減への取り組みが各国政府の課題となっていますが、アメリカでもこれまで、石油・ガス産業界がCO2よりも環境負荷の高いメタン排出量を減らす努力などを続けてきたのです。筆者は、そういった民間の経営努力を評価して伸ばしていく方が、民間企業の経営努力で生み出した富の上前《うわまえ》を政府が撥《は》ねるようなやり方よりも大切であるし、最終的には問題の解決につながっていくと考えています。

食糧の問題も同様です。日本は人口が減少していっていますが、世界の人口は年々増え続けています。食糧問題はこれから、より注目されていくことになります。「人口の伸びに対して、食べ物の供給が追い付かない！」と危機を唱える人もいますが、これまでも色々な危機があるたびに人類はイノベーションを起こして克服してきていることを忘れてはいけません。

現在、食糧の問題は牛や豚など、世界で普段食べられている家畜のように生産コストが高いものではなく、より少ない資源で栄養価の高い食糧を作ろうという方向へ進んでいます。動物性たんぱく質の代替食として脚光を浴びているのが昆虫食です。古くから、日本にもイナゴや蜂の子のような昆虫食の習慣があります。FAO（国連食糧農業機関）は千九百種を超える昆虫を食用としており、消費人口は二十億人以上いると言われています。筆者の知り合いにも、食用コオロギを日本国内で生産している人がいるのですが、これがまた結構、儲かるのだとか……。

こうしたことも、世界人口の増加に対するイノベーションです。より少ない資源で、より栄養価が高く、ミネラルもたくさん含んでいる食糧の開発と生産・販売は、企業家精神に富んだ人たちに任せておけばよいのです。政府が余計なことをしなければ、昆虫食の需要に応じて民間で勝手に美味しく食べやすく改良もされるでしょう。日本に限らず、世界中の政府の仕事に意義があるとしたら、統計データなどを揃えて、人口やその動態が正確に分かるようにすることぐらいです。政府が自ら何かしようとするのではなく、民間の力で問題は解決していけるのです。

地下鉄はチャンスだらけ！　東京の地下鉄事情

外国との貿易だけでなく、国内でも自由化によって色々なビジネスの可能性を広げることになるものはたくさんあります。そのひとつが鉄道です。

日本と鉄道の出会いは幕末のことです。当初は、各藩で蒸気機関の研究が行われ、明治時代を通じて全国に鉄道網の敷設が進められます。大正時代になると地下鉄の建設が計画され、東京に最初の上野－浅草間の路線が開通したのは、昭和二年（一九二七）のことです。大正から昭和初期にかけての時代は産業や家庭の電化が進み、まだ蒸気機関車が一般的だった時代ながら、地下鉄は当初から電気で走る専用車両が開発されました。

それ以来、都市圏には網の目のように地下鉄網が張り巡らされ、各地の都市とともに発展していきます。現在では東京や大阪のような大都市圏の鉄道網は路線が複雑に接続し、各路線をつなぐ地下駅は迷路さながらの状態になっています。東京都内や近郊に住んでいて日常的に地下鉄を使う人でも、自分が利用する路線以外は何がどうなっているのかさっぱり分からないという人が多いのではないでしょうか。

東京の都心部は、二つの鉄道会社が運営する地下鉄が日々運行されています。都営地下鉄が四路線、営業距離は百九キロメートル、百六駅あります。もうひとつの東京メトロは九路線、営業距離は百九十五キロメートルで百八十駅となっています。

元々、東京の地下鉄を最初に作ったのは、東京地下鉄道株式会社という民間企業です。戦前にでき上がった路線は、現在の地下鉄銀座線の原型です。昭和九年（一九三四）、浅草から銀座を通って新橋につながる八キロメートルの路線が完成しました。他の鉄道会社も参入し、新路線が作られていきます。

第二次世界大戦が始まると、昭和十六年（一九四一）に帝都高速度交通営団が設立されます。政府と東京市、私鉄各社の出資による特殊法人で、東京地下鉄道株式会社と、東京高速鉄道株式会社の事業を引き継ぎ、国家統制の色彩を強めていきました。

戦時中、営団は地下鉄だけではなく地上の交通網も統制していたため、戦後のGHQ占領統治下で多くの国策会社が解体された際、解体の対象とされそうになりました。これを「地下鉄を整備するための組織です」という理屈で乗り切り、中央政府は営団を存続させます。この帝都高速度交通営団（営団地下鉄）が現在の東京メトロの前身です。

都営地下鉄の方は、東京都の公営企業です。運営しているのは東京都交通局で、都営地下鉄のほかにも、都営バスや都電、新交通システムを運営しています。こちらは元々、明治時代の終わり頃に東京市の電気局としてできた組織で、路面電車の運行や電気供給を行うところでした。面白いところでは、上野動物園内のモノレールも東京都交通局が運営しています。

東京都交通局が地下鉄事業に参入したのは、戦後のことです。当初、営団地下鉄が東京都の地下鉄全般を運営することが常態で、東京都も出資をしていました。ところが、東京都も自分たち独自の地下鉄が欲しいと思ったのです。

昭和二十九年（一九五四）年三月には、都議会で都営地下鉄の建設が決議されます。中央政府にも要望を出していて、東京都は「住民の意向」を掲げて営団の独占に対抗します。実際に、戦後復興による人口増と都市部への集中、高度成長にともなう人流増加によって極端に交通機関が負担を増えていたからです。

それ以来、東京都心部の地下鉄網は、二つの会社によるライバル関係が続いています。平成十六年（二〇〇四）に営団が民営化され、現在の東京メトロ（東京地下鉄株式会社）となりましたが、事実上、国営と都営の構図はそれほど変わらない状況です。なぜなら、民営化後も株主は中央政府と東京都のままだからです。割合は、政府が半分以上の五三・四％、東京都が四六・六％です。過去には東京メトロの株式上場の話もあり、現在も完全民営化や早期上場を目指しているのですが、色々な経済状況の問題があって進まないようです。組織内部のパワーバランスの問題もあって、実現しづらい状況にあることも考えられます。平成二十二年（二〇一〇）には石原慎太郎都知事（当時）が東京メトロと都営地下鉄を統合する「地下鉄一元化」を提起し、後任の猪瀬直樹都知事も経営統合に力を入れましたが、その後の都知事の代替わりとともにこの話は聞かれなくなりました（舛添要一都知事の時代にも当時都議会議員であった柳ケ瀬裕文現参議院議員がこの問題について一般質問で言及しています）。

地下鉄一元化には、利用者に直接的な利益があります。初乗り料金の重複解消です。

通常、鉄道運賃は初乗り運賃と距離運賃で構成されています。初乗り運賃は基本料金のようなもので、運行各社が設定した最低単位の乗車距離によって決められています。これに乗車区間や乗車距離によって料金が加算されます。

複数の鉄道会社が相互乗り入れによって直通運転をしている場合、利用者は乗り換えなしで目的地まで複数の鉄道会社を利用することになるので、便利ではありますが初乗り運賃は利用する運行会社ごとに加算されていきます。東京メトロと都営地下鉄には、乗り継ぎの際の初乗り運賃に数十円の特別割引が適用されてはいますが、経営統合されれば両方から初乗り運賃を取られるという不毛な状況はなくなります。地下鉄全体の一元的な運営は、利用者ベースで考えることができるようになるのです。

この経営統合の話が出てきたのは、営団地下鉄の民営化の際、政府が保有する株式の売却話があったからです。すると、主要な株主は東京都になるので、都営地下鉄と一緒に運営できるようになるという話でもあったのです。しかし、統合した際には東京都の公営事業となってしまうのか、都営地下鉄も全面的に民営化するのかといった問題も出てきます。なかなか一元化への道のりは遠いようです。

形式的といっても、東京メトロが民営化されることによって、利用客へのサービスが向上した例もあります。営団地下鉄の頃は、広告事業や駅構内売店を除き、鉄道事業以外では収益を上げてはいけないことになっていました。現在はカフェやレストランなどの商業施設「エチカ」の事業が展開されています。地下鉄の鉄道施設に隣接した周辺スペースを利用し、商業施設を運営することによって、利用者の利便性を高めることができるようになったのです。

地上の路線を運営する鉄道会社のように土地を持っていない地下鉄会社は、大きなデパートを建てるなどの事業は難しいのですが、地下の空間を有効利用したサービスが展開できるのは、民営化の恩恵です。さらに東京メトロと都営地下鉄を一元化し、民営化することで、もっと良いサービスの提供が期待できます。収益力自体は、現在の東京メトロも都営地下鉄も、両方とも持っています。民営化は利用者へのサービスが向上する話なのです。

行政組織でなくなると、まず「お客様目線」を持つようになります。平成三十年（二〇一八）に大阪市営地下鉄の民営化が進められたときには、駅のトイレが綺麗になったと話題になりました。民営化の利点は、こうしたお客様に提供する施設の向上や、そのメンテナンスだけでなく、鉄道会社が持っている空間をどのように使うかという発想やアイディアが生まれる環境ができるところにもあります。

東京の地下鉄がもっと自由な発想で経営できるようになっていくと、色々なことが事業化できるようになります。例を挙げると、通路を利用してのストリートライブは、現在でも一部ですが、申請をして許可されれば、スペースの一画を無料で使わせてもらうような形で行われています。たとえばこれを事業化して、利用客に楽曲を提供するサービスができる可能性もあります。最近は他企業と連携して、リモートワークなどに使えるボックス型のミニオフィスの設置が試験的に行われているところもあります。スペースを通行に限らず利用することで利便性を向上させたり、エンターテインメントなど利用者を楽しませるようなサービスの提供を行ったりできる可能性が広がります。

そして収益を高めていくことにより、地下鉄は立派な納税企業になります。これまでは政府や東京都が出資をしていたのに、逆に地下鉄が納税主体になることも、民営化の大きな要素です。都心部の交通を担う鉄道会社が分断され、二つの鉄道会社がいがみ合っているよりも、一元化されて余計な利用料金がなくなり、かつ様々な事業が生み出されていく方が良いに決まっています。もっと住民や利用者の目線で、便利で楽しい地下鉄を考えていけばよいのです。民営化と株式上場は、鉄道を単なる移動手段に限定されない、「元気な事業」に生まれ変わらせるのです。

空港民営化――インフラ運営のノウハウを世界に売り出す

日本国内で一般的な移動手段に使われているのは鉄道ですが、さらに遠距離を移動するためには航空機を用いることが必要です。日本は南北に長い国土なので、北から南へ一気に移動するときには、飛行機の利用がもっとも早い方法です。また、橋で結ばれていない島々のうち、空港のある大きな島には船と並んで飛行機で移動することも多いでしょう。

また、アメリカのような国土の広い国は、国内旅客線も充実しています、一九〇三年にアメリカでライト兄弟が人類初の動力飛行に成功して以来、人や物を空路で運ぶ技術は百年ちょっとの間に長足の進歩を遂げました。アメリカでは一九一四年に定期旅客輸送が始まります。そして、第一次世界大戦後の一九二七年には、アメリカの飛行家チャールズ・リンドバーグが大西洋横断無着陸飛行に成功し、航空機は第二次世界大戦を経て航続距離を伸ばし、高速化・大型化が進んでいきます。

こうした航空輸送の拠点となるのが空港です。国内外を空路で運ばれる人や物の流れは、大部分が空港を経て各地へ運ばれていきます。世界中には、施設の規模を問わず閉鎖や廃棄されたものまで含めると、四万か所を超える空港や飛行場が存在しています［※7］。

このうち、ＩＡＴＡ（国際航空運送協会）による三文字のコードが割り振られている空港は一万以上、定期運航で使われている空港はおよそ三千六百を数えます［※8］。

日本国内の公共用飛行場は九十七あります（公共用ヘリポートを除く）。成田空港や羽田空港などの発着数が非常に多い有名な空港以外にも、全国の都道府県や政令指定都市が管理する空港がたくさんあります［※9］。

一般の人には、空港は役所が運営しているものというイメージが何となく持たれています。ところが海外の有名空港は、民間の会社が運営しているところが数多くあります。日本も、最近では空港運営の民営化、民間委託が地方レベルで進んできています。

こうした公共の施設、行政サービスに関わる事業を民間に委託することをコンセッションと言います。政府が持っていた事業の運営権そのものを民間企業に一定期間売却することによって、事業収益をきちんと上げ、より良いサービスを利用者に提供しようという仕組みです。空港だけでなく、道路や上下水道などの一般的には行政に属すると思われているインフラの運営によく使われる方法です。特定の民間企業が単体で委託を受けることもあれば、複数の企業や団体がまとまったコンソーシアムによる運営の場合もあります。

民間企業による空港の運営事例は、ここ数年で国内でも増えてきました。大阪国際空港（伊丹）と関西国際空港（関空）の運営や、最近では北海道の場合は国管理空港の新千歳、函館、稚内、釧路、地方管理空港の女満別《めまんべつ》、旭川、帯広の七空港の民営化が始まっています。北海道七空港は、三菱地所や東急など十七社が出資して設立した事業コンソーシアムの北海道エアポートが一体的に運営しています。

このほかにも、兵庫県の但馬空港や神戸空港、鳥取空港、静岡空港、和歌山県の南紀白浜空港などで民間委託が開始されています。また、これから開始予定だったり契約が進んでいるところ、コンセッション導入の調査が行われているところなど、これからも民間委託がどんどん進められていくことになっています［※10］。

インフラは国民の生活に重要な社会基盤でもあるので、その民営化にはインフラが維持できないのではないかと言われることがあります。特に水道事業に関しては、南米などで行われた事例をもとに懸念する声も多くありました。

インフラの運営自体は、民間の事業体でも行政でも、やることは決まっています。重要なのは、どのようなリスク分担を行うか、事業の内容や運営方法を整理することです。そのうえで民間に何を委託するかが決まるので、コンセッションが進められていく過程で行政が行っていた事業の内容が可視化され、より安全なものになっていく可能性もあります。現在進められている空港の民営化では、管制を引き続き行政が行い、滑走路を含めた空港施設の運営権が民間企業に委託される形となっています。他の国でも、民営化による問題は契約でのリスク分担が曖昧だったり、逆に行政側が必要な措置を行わなかったことを除いて、それほど大きな問題は発生していないのです。

空港のような大きな部分での民営化は、地域経済の発展が言われることが多いのですが、もっと重要なことがあります。民営化することで、民間企業もインフラ運営のノウハウがどんどん蓄積されていくことです。これが日本全体の経済にとって良い効果を生む可能性があります。

例を挙げると、大阪国際空港と関西国際空港の事例です。この二空港の運営は、リースや金融・事業投資、不動産などを幅広く手掛けるオリックス株式会社と、フランスのヴァンシ・エアポート（VINCI Airports S.A.S.）がコンソーシアムを組んで担っています。二〇一八年には神戸空港を含め、関西三空港の一体運営が始まりました。

フランスのヴァンシ・エアポート社は、世界的なゼネコン大手、ヴァンシ・グループの一員です。世界ランキング研究所によれば、二〇二〇年の建築会社世界売上高ランキングで第五位、フランスでは第一位です。ちなみに、世界売上高ランキングでは、日本の鹿島建設が九位ですから相当な規模であることが分かります。ヴァンシ・グループは欧州やアジアであわせて二十四の空港を運営していて、空港の建設や改修、運営までグループ全体で担うことができる巨大企業なのです。

日本国内には、空港や水道、道路など色々なインフラがたくさんあります。これを民営化していくことで日本企業に運営ノウハウが蓄積されると、ヴァンシ・グループのように他国の空港やインフラなどの運営という、新しいビジネスに取り組めるようになります。最先端の技術やサービスを国内で活用し、企業が積極的に習得していける環境があれば、経済と同様に日本企業も活性化して競争力を獲得できます。

先進各国ではインフラはでき上がっている状態ですが、これからまだまだ成長していこうという新興国は、これからもインフラが整えられていくことになります。新興国でのインフラ整備は、各国政府が重要な国家事業として行っていて、日本も政府との協力で民間の建設会社が受注しています。民間企業がインフラ運営ノウハウを持っていれば、建設した後の運営も事業化することができます。

日本の場合、これだけ多くのインフラがすでに建設されてきた中で、その多くを行政が運営してきました。このため民間企業としてのインフラ運営ノウハウは、それほど蓄積されてきませんでした。今からでも遅くないので、もう少し民間企業に開放し、自分たちで運営の技術や経験を身につけていくと、これから日本企業が世界市場と戦えるようになるのではないか、という状況にあるのです。

フランスやオーストラリアという日本の友好国には、インフラ運営の優れた能力を持つ企業があります。そうした企業からもノウハウを吸収していき、日本のインフラマネジメントのノウハウを活かして世界市場に打って出る、そんな新しいビジネスを始めましょう。

民営化を一概に怖がって進めないでいることは、新しいビジネスチャンスを失っていることになります。新しいインフラが世界にどんどん供給されていくのに、マネジメント事業に参加する企業がないのは、実にもったいない話です。

戦後の高度成長期から一九九〇年代にかけて、日本はどんどんインフラを建設しました。次はこれを活かして、マネジメントビジネスを発展させていく段階です。国内に十分にあるハードを土台にソフトの部分を蓄積し、日本流のノウハウをもとに世界各国のインフラのマネジメントに進出する。その実績を積み重ねれば、当然、海外での空港やインフラ建設といった大きな事業を獲得する際の強みや有利さにもつながっていきます。

これからは、そのくらいの野心を持って世界に出ていくことが必要です。負けないことを考え続けてジリ貧に耐えるよりも、マインドを変えて打って出て、勝つことが大事なのです。

世界経済との結節点、港湾運営の民営化が未来を拓く

空港とならんで、世界からの人や物が日本に入る玄関口となるのが港湾です。食物の輸出入、

工業製品を製造するための原材料輸入など、多くの物資の移動は海運に依存しています。原材料の調達から製造、販売、消費までの一連の流れはサプライチェーンと呼ばれますが、その大元の調達部分と製品の輸出を支える重要な産業が海運業です。

海運の動向は、経済的な指標のひとつでもあります。今、この瞬間にも世界中の海で多くの船が物資を運んでいます。一国の領域の中で貨物輸送を行う船を内航船、国際航海を行う船を外航船と言い、外航船は大きく二つに分かれます。特定の航路で港間をつなぐ定期船と、積み荷の都合で発着地や寄港地の決まる不定期船です。

不定期船のうち、生鮮品や原油・石油製品、LNG（液化天然ガス）などを運ぶ特別な船を除き、大多数を占めるのが穀物や資源を運ぶ船で、こうした船の船賃は荷動きや気象条件によって変動します。そこで、その変動状況が世界経済の動向を知るための参考となる先行指標とされているのです。

英ロンドンのバルチック海運取引所が発表している不定期船運賃の総合指数「Baltic Dry Index（BDI：バルチック海運指数）」の動きは、世界経済の動向に二か月先行するとも言われています。株価との連動性も高く、二〇一五年から二〇一六年にかけてバルチック海運指数が過去最低を更新したときは、世界同時株安が起こっていました。逆に、運ぶものがどんどん増えて指数が上がっていくと、世界で交易が活発になり、景気が上向きになってきていることが伺えます［※11］。

二〇一九年からの新型コロナウイルス感染症の世界的な流行は海運の動向にも一部影響しましたが、二〇二一年に入ってからは回復を見せ、六月には十一年ぶりの高値を記録する活況を呈しています［※12］。

こうした海運を支えるのは、世界中の船乗りの人たちです。国際連合の専門機関、ＩＭＯ（国際海事機関）は、毎年六月二十五日を「船員の日（Day of the Seafarer）」に制定しています。世界中の船乗りたちが、国際的な海上交易や世界経済、市民社会に貢献していることを認識しようという日です。二〇二一年六月二十五日は、特にＩＭＯやインターカーゴ（国際乾貨物船主協会）の声明で船員の交代問題が提起されました。

コロナ禍で各国政府が対応に苦慮する中、世界の海を渡航する船員たちは、政府の施策によって港での上陸や交代ができず長期間の海上生活を余儀なくされながら、一般の人たちの生活に欠かせない食糧や燃料、医薬品の輸送を行ってきたからです。

船乗りの人たちの帰る場所が港です。港町というと荒っぽいイメージもありますが、最近は事情が変わってきています。世界中で港の競争力が競われるようになり、日本でもビジネスチャンスが広がっているのです。

港の機能には、船が安全に停泊して貨物の積み下ろしを行うこと、燃料や水を補給すること、船員の交代や休息を行うことのほか、貨物が他の地域に向けて配送される運送集積地としての役割があります。近年では外国からのクルーズ船の発着にともない、出入国管理や観光拠点としての機能も注目されています。多様な受け入れに対応できる能力の高い港には、人・モノ・金・情報が集まります。これを活用しない手はありません。

人やモノの移動の終着点や起点となるだけでなく、港を経由してさらに他の国や地域に広がっていく中継地点となる港は「国際ハブ港湾」と呼ばれます。アジア圏では香港やシンガポール、釜山《プサン》の需要が高く、多くの航路が交わる港となっています。コンテナの取り扱い数ランキングでは、上海や深圳《しんせん》、寧波《ねいは》など中国の港が軒並み上位を占め、トップ一〇位に入っているのはドバイくらいです。日本は京浜東京港、横浜港が辛うじて五十位以内に入り、次いで名古屋港となっています。

港湾の整備には、喫水《きっすい》の深い大型船の接岸と停泊を可能とするなど、莫大な設備投資が必要です。一方で、港の施設そのものの運営は、民間が行うことで高い効率や収益性を追求することが可能になりました。空の玄関口である空港と同様のコンセッション方式です。

現在、日本の港湾で唯一コンセッション方式を採用しているのは、福岡市の博多港です。空路で福岡を訪れる際、着陸アプローチで博多湾が一望できます。沿岸部には鎌倉時代の元寇《げんこう》の遺跡が数多く残されている景勝地でもあり、日本と外国との関わりを最前線で担ってきた歴史を持つ場所でもあります。

福岡市のウォーターフロント開発計画は、現在まで物流よりも観光を主な目的として構想されています。クルーズ船の発着と出入国管理、国際会議や展示会などのビジネスイベントを行える公共施設（ＭＩＣＥ）の設置を主軸に、こうした施設の運営を民間委託することによって港を観光資源として位置付ける方向性を強化しています。福岡空港との距離の近さから、航空便とクルーズ旅行を組み合わせたフライト＆クルーズも視野に、十年計画で現在も開発が進められています。

博多港は、日本の中でも東アジアの各国に近いという地の利があります。近年、博多港へのクルーズ船の寄港は右肩上がりで増加しています。平成二十五年（二〇一三）に三十八件だった寄港は、以後の五年で三百件を超えるようになりました。施設容量といったハード面の不足から寄港や国際会議開催を断ることも多く、年間五百億円の損失があると報告されています。

コロナ禍以前、船を使った人の交流とその需要は、大きく進んできました。アフター・コロナでは再び大いに期待できる投資分野です。

空港も同様ですが、日本は港湾のような国際競争力のある大規模なインフラの整備をもっと進める必要があります。政府の財源だけで莫大な予算を割くことは難しいですから、民間が大きく投資して、運営で利益を上げていくことが重要です。その過程で蓄積されたノウハウは、最終的に企業の国際競争力につながっていきます。

福岡で始まっている港湾ターミナルやＭＩＣＥの管理の民間委託は、大規模インフラの運営ノウハウ蓄積の第一歩です。施設運営で商業的な利益を生み出せるようにしたり、利用者の使い勝手を良くして満足度の高いサービスを提供することは、港湾が備えている基本的な機能に大きな付加価値を与えることになります。

こうした民間委託に反対する人たちも大勢います。

政治の世界には、しがらみがあります。しがらみというと、利権や既得権益を想像する人も多いと思いますが、その背景となっているのは、その時点までの様々な経緯の積み重ねです。しがらみを漢字にすると「柵」です。流れを堰《せ》き止めるという意味から転じて、身を束縛するものという意味を持っています。しっかりした政権であればあるほど、長年の蓄積によって拘束力が強くなるものです。コンセッション方式の導入で公共施設の運営権を民間委託しようとしても、これまでの運営方法を守ろうとする抵抗勢力が多いので、まず法案化するのが難しいのです。

では野党がしっかりすればいいのかというと、野党の中にも与党と異口同音に反対する人たちが大勢います。民主党への政権交代では、一旦それまで継続されてきた経緯が途切れたことと同時に、政権交代の勢いと混乱の間隙《かんげき》を縫うようにして、民営化が実現しました。民主党政権について批判的な声は今でも大きく、政権運営への評価には厳しいものがあります。しかしながら、政権運営ではなく政権交代そのものには、しがらみをズバッと断ち切る力があります。政権交代が定期的に起きることは、日本に新しい流れを生む、淀んでいたものを動かす点で、重要な意味があるのです。

もっと政治の現場に近いところに焦点を当てると、しがらみを構成するひとつに各省庁と政治家の人間関係や、前任者からの方針の踏襲といった過去の経緯があります。政権交代で省庁に乗り込んだ人には、省庁側から「これまでは、こういう経緯でやってきました」と言われても、「前任者のことは知りませんよ」と言える強みがあるのです。国防や外交という国家の存立に重要な事柄では、あまりにも連続性を欠けば国際的な信用に関わることは民主党政権で経験済みですが、それ以外のことで極度に変化を怖がるのは、「羹《あつもの》に懲りて膾《なます》を吹く」そのものです。

従来、行政が運営してきたものを民間に委託するときには、必ず困難がともいます。右のような政治的な事情によって、リスク負担の議論が冷静に行えないこともあります。コンセッション方式の導入の目的は、経営や設備投資を含め行政にはできないことを民間にお願いすることです。その結果、利用者へのより良いサービスや収益が生まれます。とは言っても、懐疑的な人もまだまだ多いでしょう。

ひとつ提案できるのは、比較してみようということです。二〇一九年末から続いたコロナ禍によって、経済は一時停止の状況となりました。では、これが明けた後はどうでしょうか。実際に世界経済は動き始めています。

博多港のように民間企業の力を活かす方法を導入した場所と、そうでない場所を具体的に比較して、良い方を採用すればいいのです。そのときに重要なのは、どちらも粉飾や都合の悪いことを隠せない、情報の透明性と公正な評価基準です。明快な基準にもとづいて、誰もが自分の目で両方を確かめられることで、より良い方法を選択し、必要な工夫を提案できること。福岡市の港湾コンセッションの取り組みは、そうした比較対象となり得る先行事例が海外事例ではなく日本国内にようやく生まれたという、日本の未来につながる最先端をいく大事なものなのです。

※1 大豆生田稔「戦前日本の外米輸入―米不足の構造と輸入補填（明治初年～戦時の実証的・総合的研究）」
https://kaken.nii.ac.jp/file/KAKENHI-PROJECT-16K03792/16K03792seika.pdf

※2 「米騒動前後の外米輸入と産地」（第71集史学科編第43号）
https://core.ac.uk/download/pdf/291359134.pdf

※3 東京市編「残食物需給ニ関スル調査」東京市社会局、昭和五年

※4 ＰＡＳＣＯ「沿革」
https://www.pasconet.co.jp/corporate/history/

※5 パンの明治百年史刊行会編『パンの明治百年史　第四編　大正時代』
https://www.panstory.jp/pdf/hen4_1.pdf

※6 左右田健次「ビタミン発見余話―森鷗外：光と影―」（海洋化学研究　第31巻第2号　平成30年11月）
https://www.oceanochemistry.org/publications/TRIOC/PDF/trioc_2018_31_70.pdf

※7 ＣＩＡ「The World Facebook」空港数集計は２０１３年の数字
https://www.cia.gov/the-world-factbook/field/airports/country-comparison

※8 ＡＮＡ「世界の空港ランキング」
https://www.ana.co.jp/travelandlife/article/000572/

※9 国土交通省　空港分布図
https://www.mlit.go.jp/common/001400082.pdf

※10 国土交通省「空港運営の民間委託に関する検討状況」２０２１年
https://www.mlit.go.jp/common/001413384.pdf

※11 日本海事センター「新型コロナウイルスの流行と世界のコンテナ荷動き」
http://www.jpmac.or.jp/img/research/pdf/B202020.pdf

※12 東洋経済オンライン　財新 Biz & Tech「バルチック海運指数」が11年ぶり高値つけた背景
https://toyokeizai.net/articles/-/436735

第三章

文化やスポーツを元気にする

七兆円産業に？　スポーツ・ベッティングの可能性を考える

現代は、様々なスポーツの楽しみ方があります。読者の皆さんも、自分でプレーしたり観戦しに行ったりと、スポーツに触れることがあるでしょう。文部科学省が実施している「スポーツ活動に関する全国調査」では、ウォーキングやジョギングから野球、サッカーなど全国的に人気の高いスポーツ、地域イベントなどのスポーツボランティアへの参加まで、国民がどのようにスポーツを楽しんでいるかをデータとして目にすることができます。

色々なスポーツの中でも、サッカーは平成三年（一九九一）にプロリーグのJリーグが設立されてから、熱心なファンが盛り上げてきました。日本サッカーリーグが発足したのは、昭和四十年（一九六五）年二月十九日と半世紀前のことです。当初、アマチュア競技の全国リーグとして実業団チームが参加し、一九六八年のメキシコオリンピックで銅メダルを獲得したことを機に国内でも人気スポーツとなりました。一九八〇年代後半にプロリーグ化の動きが起こり、現在のJリーグへとつながっていきます。Jリーグの設立趣旨には、日本のスポーツ文化としてのサッカーを振興・普及させることや、各地域に根付くホームタウン制を基本に、ホームタウンの環境整備やサッカーを通じた地元住民への貢献が謳われています。

さらに、平成十年（一九九八）五月に公布された「スポーツ振興投票の実施等に関する法律」にもとづいて、スポーツくじができました。中でも、自分の予想をもとに勝利するチームを選んでポケットマネーを賭けるｔｏｔｏは、試合結果などのデータを一覧できるウェブサイトもあり、人気を博しています。こうしたスポーツの勝敗結果予想に対する賭け事は、スポーツ・ベッティングと呼ばれます。

サッカーや野球に共通するのは、チームや選手のファンの人たちと交流して地道にお客さんを増やしていく経営スタイルです。これは海外でも日本国内でも同じです。そこに新しい楽しみ方として、スポーツ・ベッティングを解禁している国は結構多いのです。

特に、現在主流となっているのは、パソコンやスマートフォンを使って、オンライン上で完結する方法です。仲介する企業はブックメーカーと呼ばれ、各社がオンラインサービスを競っています。中には株式が上場されている仲介企業もあります。運営のための法律も整備された、合法サービスです。サッカーだけではなく色々なスポーツがサービスの対象で、勝敗、スコア、得点者、優勝チームなど、スポーツに含まれる色々な要素に対して、利用者はオッズを見て賭けることができるようになっています。当然、勝てる可能性の高い強いチームは倍率が低くなり、弱いチームほど倍率は高くなります。高倍率のチームに賭ければ、損をする可能性も高いけれども当たれば賭けたお金が何倍にもなって返ってきます。

みんな自分のお金を実際に賭けているので、チームのことや試合の流れを真剣に考えて、情報を集め分析します。つまり、そのスポーツやチームに関して詳しくないと予想が外れてしまうので、そのスポーツに対する関心が高まることから、スポーツ・ベッティングがスポーツ振興の目的も兼ねて解禁されているのです。

スポーツ・ベッティングが盛んなのがイギリスです。元は競馬のレース予想から始まり、一九六一年にブックメーカーに関する法律が整備されました。イギリス人が一般にスポーツで賭ける金額は、一か月に二千円ほどと言われており、日常的に家庭の中で「ちょっとうちのチームに賭けておくか」といったふうに、気軽な楽しみとなっています。

イギリスで伝説的な大穴となったのが、二〇一六年に起きたサッカーのプレミアリーグ優勝予想です。イギリス最弱と言われたチームが、並みいる強豪クラブを相手に大健闘して、ついに優勝してしまったのです。優勝チームはイギリス中部をホームとするスモールクラブ、レスター・シティで、二〇一六年の出来事は「レスターの奇跡」と呼ばれ、ホームのレスターは街を挙げて熱狂しました。何しろ、レスターは常にプレミアリーグの残留争いにいたクラブだったのです。

このときのオッズは、なんと五千一倍。千円賭けたら五百万円です。「ちょっとうちのチームに……」で二千円賭けていたら一千万円です。だからといって、読者の皆さんに一攫千金《いっかくせんきん》を勧めているのではなく、スポーツ・ベッティングには現代だからこその社会的な意義や経済への貢献もあるのです［※1］。

現在、ブックメーカーのサービス対象は、スポーツの試合以外にも広がっています。アメリカ大統領選挙の結果予想や、イギリス総選挙の議席数といった分野もあります。ブックメーカーが提供するサービスで自由に競争をすることで、より楽しい賭け対象を考えているのです。たとえば、アメリカ大統領選挙の結果予想だけでなく、「新しい大統領が最初に外遊する国はどこか？」という予想となると、まるっきり政治分析の世界です。色々な賭けを考えて、たくさんのサービスを提示し、色々な人が参加することで産業が拡大・活性化します。

二〇二〇年十月、メディア事業を手掛ける株式会社サイバーエージェントが、日本でスポーツ・ベッティングを解禁した場合の国内市場規模を試算し、発表しました。それによると、日本国内は最大七兆円規模の市場になると推計されています［※2］。

二〇二〇年に始まった新型コロナウイルス感染症は、人の流れや経済活動を政府によって規制する手法で感染拡大を抑制しようとしました。人々が一か所に集まる大きなイベントには政府によって色々な制限が設けられ、スポーツ観戦も規制対象となりました。これまでは、スタジアムに大勢の人を入れ、観戦者はみんなで応援して一体感ともども楽しんできました。そして、イベントを実施する側はチケット販売や会場でのグッズ販売で開催資金を回収してきました。人が集まるので、広告主を入れて広告費を得たりもしました。そうした従来のビジネスモデルが危機的状況となったのです。

ところが、インターネットの普及によって、直接会場へ足を運ばなくてもオンラインで観戦できる環境が発達したことで、少し状況は変わってきています。スポーツ・ベッティングをしながら、SNSで友達とつながりながら、オンラインを通じてスポーツ観戦に熱狂し、情報や分析を交換して楽しむことができるのです。

観客動員数が減少して経営が苦しいチームでも、スポーツ・ベッティングを通じた売上げの一部がチーム経営の財源となれば、チームも選手のために従来通りお金をかけることもできますし、より良いトレーニング環境を用意することや海外から強い選手を連れてきてプレーさせることもできます。日本でレベルの高いスポーツ事業ができるということは、日本の選手も世界で通用する水準に育てることができるのです。コロナ禍のようなパンデミック発生時にもオンラインからの収益は事業を存続させることにつながります。

世界の市場も見据えた、開放的なスポーツ産業に発展していく可能性を妨げているのが、現行の法律です。現在、法律によって賭け事が認められた公営競技は、競馬、競輪、競艇、オートレースの四事業です。スポーツ・ベッティングとは少し違いますが、宝くじも公営です。運営しているのは法律で認められた特殊法人や地方公共団体で、地方公共団体が実施するものは収益の一部が地方自治体の財政資金となります。地方公共団体以外の運営法人は、役所の天下り団体でもあります。先に紹介したｔｏｔｏも同様です。

一方、スポーツ・ベッティングを運営するブックメーカーは民間事業者です。現在、日本の法律では右の四事業以外に民間での賭博サービスを認めていません。海外のブックメーカーを日本人が利用することについては、以前にイギリスを拠点とするオンラインカジノサイトのうち日本語でのサービスを提供していた企業が問題となったことがあります。このときは、利用客を逮捕したものの、不起訴となりました。

民間事業者が賭場《とば》を運営するという点では、平成二十八年（二〇一六）に成立した統合型リゾート（ＩＲ）整備推進法という法律があります。「カジノ法案」と通称されたりもしますが、要は観光の振興が目的です。シンガポールやマカオのように、宿泊施設、国際会議場、劇場や映画館、飲食店のような商業施設、スポーツ施設が集まった複合型リゾートの中にカジノが含まれている内容です。なぜ、民間事業者でも賭場を運営してよいのかというと、室内施設であることや、事業者による公正な実施、偶然で勝負が決まるといった細かな要件を定めたうえで、自治体が申請し政府が認定する手続きとなっているからです。なのでＩＲは運営事業者が特定の条件のもとで四事業から一部広がる程度なのです。

スポーツ・ベッティングは偶然で勝敗が決まるものではありません。各々のチームでプレーする人たちは、いってみれば専門家です。専門家が技術を争い、鎬《しのぎ》を削って最終的な結果が生まれます。賭ける側もよく見て、分析をして賭けます。そこでＩＲとは少し違う基準が必要なのです。規制を考えるのではなく、むしろきちんとした産業として育てていくことは日本のスポーツの活性化にもつながります。スポーツ事業が活性化すると色々な関連産業も振興するようになります。

実際に、新型コロナの自粛で公営競技は、動員人数が大きく落ち込んでいるにも関わらず、オンラインサービスの利用により売上高は大きく伸びていることが指摘されています［※3］。

民間事業の参入を規制しているということは、その産業をまるごとひとつ潰しているのと同じです。規制は悪徳事業者の横行を防ぐだけに留めて、社会の利益になる事業として育て産業を発展させることで、国民はサービスを楽しむことができますし、経済活況の恩恵を受けることもできます。もちろん、政府にも税収が入ります。サービスを利用することで、これまで関心のなかったスポーツの分野にも、どんどん興味を持つ人が増えるかも知れません。

オンライン・ベッティングの普及は、オンラインで色々なことをするという、コロナ禍の中で生まれた新しい文化のうちのひとつに、スポーツも加えることになるのです。今までの堅苦しい規制をなしにして、ブックメーカーを解禁することも日本経済復活の方向性のひとつになり得るのです。

規制大国日本で登山を楽しむ、発想の転換

スポーツの中で、根強い人気を誇るのが登山です。何年かに一度、登山ブームが起きることもあります。平成二十六年（二〇一四）には、国民の祝日に「山の日」が加わりました。

総務省の行っている社会生活基本調査によれば、登山やハイキングをする人は、およそ九百七十二万七千人となっています（総務省統計局「平成28年社会生活基本調査結果」）。新型コロナウイルス感染症が席巻した最近は、レジャーでもインドア傾向が強いように思えますが、実際にはアウトドア関連企業の業績も堅調です［※4］。

一方、標高千二百メートル級で手軽に山歩きが楽しめる首都圏近郊の山では、遭難事故も増えていることが報道されています。日本は国土の七五％が山地ということもあって、全国各地で山歩きを楽しめるのですが、そうした山を擁する各地方自治体には遭難を防ぐための条例が制定されています。日本で初めて制定されたのは、富山県です。富山県東部には、北アルプスの立山連峰があり、その北部にはロッククライミングで人気の劒岳《つるぎだけ》が位置しています。戦後、登山が人気スポーツになり、登山人口が増える中で山の観光地化が進みます。すると、技術的に難しい山や危険のあるルートにも多くの人々が訪れるようになり、遭難事故が社会問題となりました。そこで条例を定めて、危険区域の指定や登山ルートの規制が行われたのです。

登山条例は、危険なルートや危険な時期に山に入る際、届出の提出を義務付けるものです。無届けで山に入れば、罰金を科すようになっています。

登山には、わざわざ雪の時期に登るとか、岩場を登るとか、敢えてリスクをとるというベンチャースピリットに共通する魅力があります。そこで、山登りをするにあたって適正な登山計画を事前に提出し、登山計画にもとづいた装備や食料を整えて登山をしなければならないというルールが必要なのです。本格的に登山をしている人たちは自分たちで準備しますが、経験の少ない人については山岳指導員から指導を受け、計画書を作ることを義務付けました。平成に入ってからは、より一般的な登山客を対象に条例を制定する自治体も増えていきます。そして、多くの登山者の方々も同計画提出に賛同しています。

初めて条例を定めた富山県では、三年にわたる激論が交わされています。元々は、登山届は届出制で提出してもしなくても、どちらでもよかったのです。このため、届出をする人はごく少なかったのです。それを義務化して、違反をしたら罰金を取るという形にするのですから、登山はスポーツなのに条例で制限するのかという疑問が出されたり、条例に本当に遭難を防止する効果があるのかが問題にされたりしたのです。

特に問題になったのは、遭難が起きる原因との関係です。遭難防止といっても、遭難事故が起こるのは足を滑らせたり、急な天候悪化に見舞われたり、事前計画をいくら作っていても計画とはあまり関係のないことが重要な要因となっていることも多いからです。計画以前に、登山中の注意事項の研修をしたり、しっかりした登山技術を身に着けてもらったりする方法を充実させる方が重要なのではないかということです。

さらに重要なのは、遭難した際の救助です。遭難救助は、最初に公的機関が動きます。これは現地の所轄の警察や消防が担っています。それでも救助が難しい場合は、民間の山岳救助隊員が警察などと連携して救助にあたります。公的機関は税金で運用されていますが、民間は別途費用がかかります。実際に活動する山岳救助隊員はボランティアの人たちです。

ところが、登山条例で登山計画の提出を義務付けるのなら、「遭難したときの救助費用もすべて税金で面倒を見てくれますよね？」という話が出てきてしまったのです。

現実には、自分のスキルで対処しきれない問題が発生したり、そもそも自分のスキルが登山に足りていなかったりするから遭難してしまうのですが、行政が関与することで事前の訓練や準備、責任をしっかり持って登山を楽しむという意識が薄くなってしまうのではないかという問題が指摘されることになりました。

身の回りの生活から医療などの社会保障、大規模災害に至るまで、「自助・共助・公助」という言葉が一般的です。登山に限っていえば、まずは自分でしっかりとした計画を立て、登山技術を身に着けてから山に登る、自助が大前提です。登山計画書は、団体名や山行《さんこう》の参加者と連絡先、参加者の緊急連絡先などのほか、日程とルートの予定、荒天や非常時対策、緊急下山時のエスケープルート、食糧やテントをはじめとする装備品の計画を書き込むようになっています。趣味の山歩きサークルでも、気象図の書き方や読み方を先輩から教わったり、事前に山を歩くトレーニングをしたりします。登山が身近になったとはいえ、事前計画なしに山へ分け入るのは無謀な行為なのです。

こうした準備も、登山の楽しみのひとつです。数日間にわたる山行の食糧計画をしたり買い出しをしたりするのは、海外旅行で、どこに行ったら何を食べようかなとか、どの美術館を見に行こうかなとか、地図などの必要なものを揃えて準備することと同じです。そのうえで、jRO（日本山岳救助機構合同会社）で提供しているような保険に入ります。これが共助の部分です。登山をする人たち同士で助け合う仕組みです。

それでも、どうしても遭難してしまったときには、警察や消防を頼ることができるのが公助の部分です。準備から実際の山行まで、登山の楽しみは登っているときだけでも、山の頂上に着いたときだけでもないのですが、いきなり公助が全てとなってしまうと、登山を十分に楽しみ尽くすことができないと思うのです。

公助を前提にすると、細かいルールもどんどん増えます。提出された計画に問題が発生するたびに、対処のための工程が考えられていくからです。公助の部分でこれをやると、当然その分のコストは税金となります。そして最後にはルールでがんじがらめとなった登山の規制が完成します。余暇にスポーツとして楽しむには余計な手続きが多すぎることになる、あるいは記録を作ることに挑戦するなど新しい試みができなくなるということで、決められたルートを決められた時期に決められた通りに登るのが登山になってしまいます。

それならば、登山をする人自身の自助と、同じ趣味を持つ仲間と助け合う共助を振興していくようにした方が、日本の登山の楽しみ方にとっては大事でしょう。登山のためのルールがまったくないことは問題ですが、どこまで何をルールとしていくかは常に議論の対象になると思います。

外国からの観光客で、日本の山に登ることを日程に入れている人たちもいます。外国人観光客の山岳遭難も増加していることから、各国語で登山計画の提出や準備、日本の山の特性や注意事項などの情報をアピールする用意をしておく必要があります。また、外国人観光客も含めた保険など共助の仕組み作りをまず行ったうえで、最後に遭難者救助をどうするかという話になるのは日本国民の場合と同じです。

ビジネスも同様ですが、何でもかでも最初から役所、つまり公助の部分に頼ったり、計画づくりが事実上他人任せだったり、役所の監督下に置かれた方が楽だと考えると、新しいことなどできなくなってしまいます。

だから自分たちでモラルを持って新しい試みをやる、それが自分や社会のためになり、さらに新しいことを生み出す、そういうサイクルができることが大切なのです。登山も自分で対処できる水準を上げれば上げるほど、より高く険しい山にも挑戦できる、まさにベンチャースピリットです。

現在の日本は規制大国です。何か大きな社会問題が起きれば、すぐにメディアが「役所は何をやっているのか！」と騒ぎます。役所側は仕方がないから新しい規制をひとつ作ります。何かを義務付けたり、罰則ができたりして、世間は「あんな問題があったし、とりあえずこれで防げるならよかったね」と何となく満足します。ところが、その規制ができることによって、本来はそのリスクに対処するという意識がなおざりになってしまいます。別の問題が出てきたら、またメディアが騒ぎ、また規制がひとつできる……今は、こういったサイクルが休まず動いています。これが続いていくことによって起きるのは、誰も自主的に責任を取らないモラル・ハザードの社会です。問題が起きたとき、本当は民間企業や互助会のアイディアで克服できるはずのものでも、行政による規制がかかることで規制に対応する仕事が増え、アイディアを生み出す動機がなくなるからです。

同時に、規制を作る役所の人たちも、ひとつ規制が増えるたびに仕事が増えます。これでは民間と役所の関係ばかりが回っていて、本来民間が生み出すはずの新しい付加価値にエネルギーが向かいません。それよりも、役所の人たちにも民間をもっと信頼してもらうこと、信頼に足るスキルを民間側も上げることによって、本来持っている民間のスキルで問題を解決できれば、行政と民間の信頼関係もできて罰則や禁止は要らなくなります。そのための知恵を絞った方が、レジャーもビジネスも楽しめます。

そうして楽しんで活動をし、スポーツをして、ビジネスや文化が日本でどんどん育っていく、日本経済も活発になる、そういうサイクルに発想を転換するのが重要なのです。

とにかく税金をなくすのが大事——ゴルフ場利用税

スポーツを楽しもうとするときに、規制だけではなく税金がかかるものもあります。ゴルフです。

ゴルフというと、年代によってイメージが全然異なるかも知れません。会社の上司や取引先の接待でやっていたとか、バブル経済の頃にはゴルフ会員権が投機の対象だったとか。また、若い世代のプロゴルファーにスターが出現して、ゴルフというスポーツそのものの人気が盛り上がったりと様々な紆余曲折を辿っていますが、日本は世界の中でもゴルフの競技人口が多い国です。世界ではゴルフ競技人口は六千万人を超えると推測され、スポーツ競技の中でも大変ポピュラーです。

日本ゴルフ協会の設立は、およそ百年前の大正十三年（一九二四）です。昭和二年（一九二七）には、横浜で第一回日本オープン選手権が開催されました。現在、日本オープンは、ゴルフ界の秋のビッグイベントとなっていて、百人以上の選手が参加します。賞金総額も増えて、二〇一九年には二億円を超えました。第一回大会の開催時は参加者十七名、うちアマチュアゴルファーが十二名だったことを考えると、競技としても大きく発展し、また一般の国民も多くの人たちがゴルフを嗜《たしな》むようになった歴史を持っています。

実はこのゴルフ、街中にある「打ちっぱなし」と通称される練習場ではなく、日本各地にあるゴルフ場のコースでプレーすると税金がかかります。ゴルフ場利用税です。地方税の一種で、ゴルフ場がある市町村と都道府県の財源となっている税金です。

ゴルフ場利用税は、元々は娯楽施設利用税という名前でした。ダンスホールやパチンコ、ボウリング場、ビリヤード場、麻雀などの大衆娯楽に対して、政府は課税していたのです。娯楽施設利用税の頃は、ゴルフ練習場も課税対象でした。もっと古くは、映画や演劇、演芸、音楽などなど、開催場所への入場料にかかる入場税というものもあり、地方税から国税化されたり、また地方税に戻ったりと管轄が行ったり来たりしています。娯楽施設利用税は、昭和二十九年（一九五四）に入場税が国税に移管されるときに分離して、地方税として残ったものです。娯楽に税金をかけるなんて、「空気読めよ」と思いますが、ゴルフ場に課税されていたのは、ゴルフがスポーツではなく娯楽として扱われていたということです。簡単にいえば、なんとなく「こいつら、遊んでいるから税金をかけてやろう」という趣旨の税金です。ビールのような嗜好品が課税や増税の対象になりやすいのと同じです。

娯楽施設利用税や入場税は、平成元年（一九八九）四月の消費税導入とともに廃止されましたが、なぜかこのゴルフ場利用税だけが別途創設されて現在まで残っています。

ゴルフ場利用税の標準税額は八百円、ゴルフ場の規模や整備状況によって等級が分類され、一日当たり四百円から最大千二百円と定められています。都道府県が課税し、その七割が市町村、残りは都道府県に入ります。

多くの人たちは、娯楽なのだから千二百円くらい追加で払えばいいじゃないかと思うかも知れません。ところが、ひとつひとつの小さな税金が積み重なって莫大な負担となり、結局は経済全体にとっての重荷になっていきます。このゴルフ場利用税をとってみても、全国で徴収される年間総額は五百億円にもなります。こうした足枷《あしかせ》を少しずつ取り除いていくことが、最終的には経済の活性化につながります。日頃、少しずつ課税されると、負担感が分からないのです。ゴルフ場を利用するときには消費税もかかります。二重課税となっているので、小さな課税分で必要性がなくなったものはやめていく必要があります。

消費税が増税されるときも、政府は小刻みに上げればいいという姑息《こそく》な手段を使おうとします。八％から一〇％に上がるとき、今の状態から二％分ならまだいいかと思ってしまう人もおそらくいたでしょう。消費税は一％上がるだけで、何兆円もの税収金額が変動します。だから政府は上げたがるのですが、同じ分だけ経済へのダメージになっていきます。ゴルフ場利用税も同様で、消費税よりも分かりやすい一例です。利用客一人が払うお金は数百円から高くても千二百円です。でも、全部合わせると一年間で五百億円が民間から失われているのです。

さらに、ゴルフ場利用税は、こうした税金が実はそれほど根拠となる理屈があって決まっているわけではない事例としても面白いのです。

このゴルフ場利用税をめぐっては、全国から市町村が集まって「ゴルフ場利用税堅持のための全国市町村連盟」という団体を作っています。全国八百三十八の市町村で構成され、これ自体がそもそも税金の無駄ではないのかという意見もありますが、「ゴルフ場利用税の堅持を求める要望書」が国に提出されています。主旨はゴルフ場利用税が市町村にとって財源になっているから取らなければならない、というものです。そして、ゴルフ場にアクセスするための道路、維持管理、ゴルフ場から排出されるゴミの処理、ゴルフ場でケガをした場合の救急医療など、ゴルフ場開設にともなう行政需要を理由とする税制度の維持を訴えました。それに対して、ひとつひとつ反論を作成しているのが「ゴルフ場利用税廃止運動推進本部」です［※5］。

ゴルフ場利用税廃止運動推進本部の資料を見ると、ゴミの処理は産廃物処理法に従って有料で処理しているとか、救急や消防の要請が他施設に対して極端に大きいわけではないなど、税を維持するための理屈にことごとく反論しています。つまり、ゴルフ場利用税は税を取るための根拠が成り立っていないけれども、その税収が必要だという市町村からの要望が強いというだけで存続していることになります。時代の流れから、必要ではなくなっている税金や規制を象徴する税金です。

税収との関わりからいけば、ゴルフ場からは通常の税収も上がります。本格的なコースが整備されたゴルフ場には、相応の土地面積が必要です。使われていない山や過疎地の土地を利用して造られますが、そうした土地がゴルフ場になると一平方メートル当たりの固定資産税評価額は劇的に変わります。たとえば原野なら十四円、山林なら二十八円のところ、ゴルフ場は四千三百円にもなるのです。さらに、ゴルフ場は原野や山林と異なり、そこで働く人がいるので雇用を生み出します。雇用される人たちは、通勤を考えると地元の人が多いでしょう。民間に自由に任せる方が、地域の経済活性化にもつながります。

では、乱開発でハゲ山になってしまうのか、というとそうではありません。ゴルフ場を設置するにあたって、税金を取るよりも、周囲の森林の保全や林業の振興などに貢献する形の対応をすればよいのです。ゴルフ場の経営者がそうした保全事業、振興事業を行ったことに対して減税をすれば、課税を維持するよりも地域にとって良い効果を得られるはずです。

こうしたゴルフ場利用税と同じように、全国には細かな税金がたくさんあります。たとえば、観光地に泊りがけで訪れた際に、宿泊料金に応じて課税される宿泊税です。チェックアウトの精算時に、少しだけ徴収されています。

もっといえば、森林環境税のようなものもあります。土砂災害や洪水、渇水などの防止のために、森林の保全は非常に重要です。現在は都道府県が独自に設定している税目で、個人の場合は数百円が徴収されています。森林整備の目的税は、二〇二四年度から国税でも導入されます。市区町村が住民税とあわせて徴収し、一旦政府に収めた後に都道府県一割、市町村九割の配分で森林環境譲与税として交付される仕組みです。これは個人を対象に、一人当たり年千円の金額です。

しかも税を取るだけ取って、実際に環境保護にどれくらい使われているかは分からないのが実情です。環境保護に使うと言いながら、「環境が大事だよ」というＣＭに莫大な予算を使ったりします。これではまったく意味がありません。少しずつ、他の税と一緒に気付かない程度に徴収されている税が多ければ多いほど、その分気が付かない間に経済全体の足枷が重くなっていきます。

こうした細かな税は個人ごとに薄く広く課税されているので、足枷を軽くしたり重石《おもし》を取り除いたりするのが難しいように思われますが、方法はあります。

たとえばゴルフ場利用税は、現在、ゴルフ関係の人たちが税の廃止を訴えています。それだけだと、関係者が言っているだけという話になってしまいます。しかも、教育や競技などを目的にした利用には減免措置が設けられていて、利用者の中でもゴルフ場利用税廃止の意義は必ずしも一定した認識を得られているわけではない場合もあります。

一方、たとえば宿泊先のホテルなどで、宿泊税を払いたくないという人たちもいます。では、その二つがくっついて協力したら、どうなるでしょうか。

細々した色々な税金をなくしたい人たちが協力していき、税金を下げたり廃止したりする大きなグループの形になっていくと、状況が変わっていきます。何かの税金を廃止したいという人は、他の税金を廃止したいという人たちと一緒に、お互いにそれぞれの税廃止を主張すると、単に普段ゴルフ場でプレーをしている人だけの問題ではなくなっていきます。

「どの税をなくすのか」ではなく、「税をなくす」こと自体で手をつなげば、細かな税の積み重ねという意識されにくい経済への負担を減らしていくことができるようになるのです。

政府の口出しは無用！　クールジャパンをもっと楽しく

この章では、文化やスポーツの規制を廃止するとより発展して経済成長もできるというお話をしています。ところで、いったい「文化」とは何でしょうか。そして、それはどのように発展していくものなのでしょうか。

難しいテーマを投げかけてしまいましたが、ひとつ例を挙げてみましょう。

読者の皆さんは「巫女《みこ》の日」をご存じでしょうか。三月五日、インターネット上では絵師さんや有志の人たちによって、巫女さんを題材にしたイラストやコスプレをした画像が発表されています。三（み）五（こ）の語呂合わせで巫女の日です。

特に政府が「巫女の日を作ってください」と音頭《おんど》を取ったのではなく、自然にそうなったというような記念日です。他には五月（May《めい》）十日（ど）で「メイドの日」というのもあって、色々な人がイベントなどを楽しんでいます。

巫女さんは、お正月の初詣などのときに神社で見かける存在です。実は、現在のような巫女さんも、政府との関係から生まれたものです。この場合は、明治維新後に政府が行った宗教政策による統制です。

巫女さんの歴史は古く、『日本書紀』にも神霊と人の間をつなぐ巫覡《ふげき》の記述があり、当時は男性、女性の両方の例があると伝わっています。時代ごとにその態様は様々ですが、各地で民衆の間に立ち混じり託宣《たくせん》をする巫女は、江戸時代には世直し一揆の要因になるとして、禁圧の対象にもなりました。

明治六年（一八七三）、政府に新しく作られた教部省は、「梓巫市子並憑祈祷狐下ケ等ノ所業禁止ノ件」という省達を出しました。いわゆる「巫女禁断令」です。当時は、そこここに占い師のような巫女さんがたくさんいたのです。明治新政府は、江戸時代後期の大火や飢饉で爆発的に増えたまま廃社となっているような社寺を整理します。どのような政府の施策にも功罪はありますが、ことに明治初期の宗教政策においては、長く続いてきた土着の祭礼や貴重な仏像仏具が失われたり、社寺を核とした地域共同体を壊してしまったりしたので、後々に批判されることとなっています。

こうした中、巫女さんにも神社で神職に仕え、支える役割を担ってもらうような政府統制が加えられてしまいました。

現在の巫女さんの存在は、最初に紹介した「巫女の日」のように、広く親しまれる日本文化の担い手となっています。政府統制から離れた巫女さんたちは、かつて民衆の中に混ざって存在し続けた歴史に近い姿のようにも見え、文化は雑多な中から生まれてくるものだなと改めて感じさせられます。

一方、文化に対する国家統制として、明らかな失敗をしているものがあります。「クールジャパン」です。

平成十九年（二〇〇七）、第一次安倍内閣は「感性価値創造イニシアティブ」を策定し、産業における日本特有の価値観を「作り手の感性やこだわりに由来し、生活者の感性に訴えかけるもの」と位置付けて、日本ブランドの価値を高めようという政策を始めます。これを背景に、平成二十二年（二〇一〇）、民主党政権が経済産業省に「クールジャパン海外戦略室」を設置、これを拡大する形で本格的に始動したのは平成二十四年（二〇一二）のことです。内閣府の知的財産戦略推進事務局には、クールジャパン戦略の要点が次のように掲げられています。

◎クールジャパンとは、世界から「クール（かっこいい）」と捉えられる（その可能性のあるものを含む）日本の「魅力」。
◎「食」、「アニメ」、「ポップカルチャー」などに限らず、世界の関心の変化を反映して無限に拡大していく可能性を秘め、様々な分野が対象となり得る。
◎世界の「共感」を得ることを通じ、日本のブランド力を高めるとともに、日本への愛情を有する外国人（日本ファン）を増やすことで、日本のソフトパワーを強化する。

内閣府　知的財産戦略推進事務局　クールジャパン戦略（令和元年9月）
https://www.cao.go.jp/cool_japan/about/about.html

簡単にいうと、クールジャパンは「外国人がクールととらえる日本の魅力」であり、クールジャパン戦略は「クールジャパンの発信、海外展開、インバウンド振興によって世界の成長を取り込み、日本の経済成長を実現する」ものです。

少し考えればすぐに分かることですが、この取組みは実際には役所の人がやって来て「我が国の文化は、これが面白いのです」と伝えれば、それを面白いと思わねばならない、という話です。

政府が「これが我が国の素晴らしい文化だ」と認定して展開すれば、これまで知らなかった人に知ってもらうことはできるかも知れません。しかし、それは人々の中から自発的に出てきた文化が世界に向けて広がることとは別の話です。

政府が音頭をとって事業を展開したクールジャパンがどのような経過をたどっているのか、政治・外交ジャーナリストの原野城治氏が次のように問題点を指摘しています［※6］。

「日本の文化を海外に紹介し、マンガ・アニメ、食、ファッションなどの輸出を支援すると官民ファンドの産業革新機構が投資した事業が成果ゼロのまま次々に打ち切られ、その株式が民間企業に極めて廉価で売却されている。

中には20億円以上の「全損」案件もあり、税金の無駄遣いがはなはだしい。特に、2013年11月に鳴り物入りで設立された「海外需要開拓支援機構」（クールジャパン機構、東京都港区）のいくつもの投資事業案件が苦戦続きとなっている。

（中略）

ブランド戦略である「クールジャパン」の戦略的コンセプトはイメージ先行で、コアが判然としない」

漫画やアニメは、はっきりいえば今まで青少年の健全育成の問題などで、政府は問題視していたぐらいのものです。子供の頃に「漫画やアニメなんか見るな」と言われて育った人も多いでしょう。

ところが、どうもお金になるらしいと目を付けて、政府が海外展開するための予算を付けたら、大失敗したという話です。

投資主体となった産業革新機構は、平成二十一年（二〇〇九）に設立された投資ファンドです。政府出資が九割、残りは民間（企業二十六社・二個人）が少し出資しています。政府保証で借り入れが可能なので、最大で二兆円を超える投資能力があるとされています。そこに色々な人たちが群がってみんなでお金を使うという、最悪の仕組みです。今回は漫画やアニメなどのポップカルチャーが食い物にされたというのが、クールジャパンの顛末《てんまつ》です。

海外にこうしたコンテンツを持っていくとき、大抵は展示会ビジネスのような形をとります。当たり前の話ですが、漫画やアニメを見るときは、展示会で見るというよりも作品そのものを見ます。それだけでもクールジャパンは無意味の代名詞のようになっていますし、逆に政府が「これが日本の漫画です」と認定するような話になってしまうと、そこに入る作品と入らない作品の基準や線引きが起こってきます。大勢の読者・視聴者が良いと思っても、政府に認定されていないものというレッテルが貼られる、それほど面白くはないけれども政府認定を受け予算が付く、こうした線引きは産業自体を腐らせる力となってしまいます。

これが民間なら、読まれない・見られないものなら市場から撤退します。失敗したらやめて、新しいものを作ります。色々な形で事業失敗の責任を取らされることもあるでしょう。政府のやっている事業は、市場なら失敗しているようなものにも予算が付き続けて責任を取る人がいなくなることが問題なのです。こういうことを続けていると新しいものも生まれないので、文化が潰れてしまいます。

政府がわざわざこんなことをしなくても、令和二年（二〇二〇）のアニメ産業は二兆五千億円もの市場規模を誇ります。政府が育ててきたのではなく、見た人が「面白い」と思うからです。

筆者が国際会議に出席したとき、懇親会時にギターを持ったネパール人の参加者から「今から『NARUTO』の主題歌を歌うから、それが正しいかどうか判定しろ」と言われて、こちらが日本人だというだけで審査員役にされてしまう状況になったことがあります。正直いって正確さは分かりませんでしたが、彼は楽しそうでした。海外の人たちも、官制の展示会から取り入れたのではなく自分で作品を見て「面白い」と思うから、紹介が紹介を呼んで広がるのです。世界に広がっている日本のアニメ文化は「民」が作ってきたものなのです。

政府が口を出さなくても、文化は勝手に広がっていきます。税金を使って予算を付けなくても、面白いものは市場で勝手に売れます。そして、何がこれから人気となって売れるのかは、誰も正確には予測できないのです。

政府は不確かなものに予算を付けることができないので、昔から続いているシリーズもののようなコンテンツだけを海外に宣伝したりします。すると、今度は若いクリエイターがこれまでにないような作品を海外に打ち出すことができなくなったり、やりにくくなったりします。これでは逆効果です。

では、政府による文化政策がまったく無意味なのかというと、そうではありません。政府にしかできない仕事があるのです。国家の意思として、「日本国がこうした価値観をもって海外に発信することで、国際社会でどのようなイメージになりたいか」を打ち出すことです。

たとえば、諫山創《いさやまはじめ》さんの『進撃の巨人』は、電子版も含め約百八十か国・地域で一億部超えの累計発行部数となっている世界的な人気作品です。アニメシリーズもヨーロッパやアメリカを中心に人気を博し、シリーズの公開時にはアニメ視聴サイトがアクセス集中でダウンするほどの現象も起きています。ところが、中国のように作品の放送を禁止している国もあります。

そういう規制を行う国々に対して、「我が国は表現の自由があり、全世界の表現の自由を促進するのだ」というメッセージを出すというのなら、まだ政府の文化政策として意味があるかも知れません。クールジャパンの失敗は、単に外国人受けしているからという理由でアニメやゲーム、ファッションなど、市場で評価されているものを何となく並べて、「ほら、日本はすごい国でしょう」と言っているに過ぎないこと、そういう無意味なことに税金を注ぎ込んでいることにあります。

単に市場でウケているから海外に持っていきましょう、程度のことなら、民間でも十分できることなので政府が行う必要性はありません。すでに輸出されているコンテンツ、しかも市場で売れているものに対して「政府が認めてあげる」など、単なる便乗です。せっかく面白かったものも、陳腐にしてしまいかねません。

表現方法はポップカルチャーでも、センスの良い作品には哲学や政治思想が背景にあるものです。そうした作品が海外に打ち出され、国や人種の枠を超えて世界に受け入れられていくことに対して政府が介入すること自体、自由な思想への介入そのものです。政府として何を扱うか、あるいは何を扱わないかが決められることになるからです。

最近は、青少年を保護するためという名目で、政府は色々な規制もしようとします。自分の子供に何を見せ、何を見せないかは家庭の問題です。家庭生活の一部なのですから、政府が立ち入ることではありません。

すでに市場で成功しているものに対して、政府が優劣を付けるような愚かな政策を行わない限り、新しい芽はどんどん出てきます。クールジャパンは、政府が手出し口出ししないことで、もっとクールになるのです。

日本の電波オークションをどうする？既得権益者の寡占放送を見直す

オークションというと、現在は様々なものを扱っているインターネット・オークションを思い浮かべる人が多いかも知れません。もしくは『ルパン三世』でルパンが盗みに行くお宝のあるところのイメージとか、あるいは実際にテレビでニュースとなるような、高額の美術品を売買するサザビーズやクリスティーズを思い浮かべる人もいるかも知れません。

美術品オークションは、美術展覧会が発展した系譜上にあります。

世界で初めて美術展が開かれたのは、一六六七年のことです。フランスの王立アカデミーによるもので、「太陽王」と通称されるルイ十四世の頃にパレ・ロワイヤルの一画で開催されました。アカデミー会員の作品が一般公開され、市民が芸術に親しむ機会が作られたのです。

この美術展に対して、一般の人たちはそれほど興味を示さなかったといいます。隔年で開催された王立アカデミーの美術展はアカデミー会員の発表の場にはなりましたが、当時、美術品は王侯貴族のものであって、一般の人たちにとっては日々の生活の方が大事だったのです。

ルイ十四世の治世はフランスの絶対王政最盛期と言われ、親政のもとでフランスの国力強化が行われました。重商主義政策をとり、常備軍を作ってフランスが陸軍大国になったのもルイ十四世のときです。国王の権威を高める派手な施策も様々に行われます。よく知られているのはベルサイユ宮殿の建築で、貴族や聖職者に部屋を与えて宮廷文化が大いに花開きます。美術品もそういった中で振興されたものです。

日本で言えば、戦国時代に織田信長が安土城を建築したことや、茶の湯が盛んになったことと通じるところがあります。信長が茶器を武将への褒賞として利用したことで、茶器が一国を揺るがすぐらいの価値で取引されるまでになったのです。芸術をうまく権威と結びつけ、統治に利用する発想は、洋の東西を問わず共通のことなのかも知れません。

ルイ十四世が始めた美術展は、美術品の取引のあり方を大きく変えます。当時の美術品は、受注生産が主流です。貴族や裕福な人が気に入った画家を見つけると、パトロンとして支援し、注文に応じた作品を描かせて報酬を払うのです。これが展覧会方式に変わっていく契機となったのが美術展の開催だったのです。フランス革命後は美術展が一般に広がっていき、美術品を展示して買い手が付き、価格が決まる方式が広まりました。日本人はあまりピンときませんが、海外で美術品と言えばすぐに頭の中でオークションとつながります。

オークションは、要するに展覧会方式の競売です。絵画などを展示して、一番高い価格を提示した人が落札し自分のものにできるという取引手法です。有名な画家の絵などは、びっくりするような高額で取引されることがあります。日本の実業家で著名な前澤友作氏がジャン＝ミシェル・バスキアの作品を百億円以上の値で落札したときは、ニュースにもなりました。

最近の高額落札で報じられたのは、レオナルド・ダ・ヴィンチの『救世主（Salvator Mundi)』という作品で、このときの落札価格は五百億円を超えました。ポール・ゴーギャンの『いつ結婚するの（NAFEA Faa ipoipo)』という絵画は三百億円以上の値が付いています。

画商の人たちは、オークションの動向を見ながら仕入れや販売をします。たとえば、絵画作品を描いている人が大きなイベントのデザインをすることになると、箔が付いて元からの作品も値上がりするとか、生前よりも亡くなった後に作品が評価されるパターンを睨んで仕入れするなど、買い手が購入した後に価値が上がることを考えた取引をしているということです。

日本でもバブル経済の頃に、絵画や土地から果てはチューリップの球根までが投機の対象に見られました。バブルが崩壊した後の現在でも、絵画は財テクのための商品として扱われているのです。

世界の美術品オークションの市場はどのくらいの大きさなのでしょうか。二〇一九年、世界最大級のアートフェア「アート・バーゼル」とスイス最大の銀行UBSは、世界の美術品市場の分析レポートを公表しています。レポートによれば、市場規模は推計で六四一億ドル（およそ六兆七千五百億円）にも及びます。世界のオークション取引の中心を占めるのは、美術品であるといえます。

また、オークションの考え方は、実は美術品の取引に限らず、政府が行う政策にも応用できます。二〇二〇年のノーベル経済学賞を受賞したロバート・ウィルソン氏とポール・ミルグロム氏は、オークション理論の発展と実用、それによる社会への貢献が受賞の理由となりました。

二人とも米スタンフォード大学の研究者で、経済学に多数の業績を残しています。中でもこのオークション理論の発展は、採掘権や不動産、電力、公共工事など、従来は異なる取引の仕方がされてきた分野にオークション方式を導入する道を開きました。実務的な意味でも功績が評価され、ノーベル賞を受賞したのです。

特にアメリカで導入と実用に成功し、日本でも注目されているのが「無線周波数のオークション」です。

周波数は、テレビやラジオの放送や、携帯電話などの通信に使われる電波周波数のことです。現在、日本は許認可制です。電波法にもとづき、総務省が事業者に対して審査と周波数の割り当てを行う形となっていて、電波利用料も事業者の共益費として位置付けられた非常に安い金額です。

現在の許認可制に対して、電波オークションはもっとも高い値段で買ってくれる人に周波数を割り当てる考え方です。簡単に言えば、その電波を一番うまく使える人に使わせよう、ということです。また、電波は元々国民共有の財産ですから、公平に競りにかけることで非常にクリーンな取引ができるのです。

許認可制の問題のひとつには、政府と事業者の癒着《ゆちゃく》があります。オークションを導入すれば、役人に対するおかしな接待で電波が割り当てられるという懸念を持たれることもなくなります。日本で電波オークションを導入すると、政府の利用料収入も現在とはかなり変わります。外国ですでに導入された実績からの推計では、約1兆円の予算が生まれると言われています［※7］。

日本は、国民の税負担率が非常に高い国です。毎年、財務省は租税負担率と社会保障負担率を合計した国民負担率を発表しています。令和元年（二〇一九）度の実績で四四・四％、令和二年度の実績見込みは四六・一％、令和三年度は見通し値ですでに四四・三％となっています。財政赤字を加えると、五〇％を超える数字が公表されています。

たとえば消費税の税率当たりの税収額は、一％で大体二兆円と言われていますから、電波オークションが数兆円の国庫収入となるなら、その分消費税率を下げることができるのではないかと思います。実際にウィルソン氏とミルグロム氏がノーベル経済学賞を受賞した際も、電波オークションによる国庫収入増によって、広く納税者への恩恵となったことも功績として挙げられています。

日本でも主に生鮮品の取引の際、卸売市場で競りが行われているので、決してオークションの手法は馴染《なじ》みのないものではありませんし、競争入札も行われている分野がありますが、政策面への本格的なオークションの活用はまったくと言っていいほど進んでいません。その結果、放送・電波事業で何が起きたのかといえば、他国に比べて高い利用料金、既得権益者による寡占とサービスの低下、新規参入による新たなサービスが市場に現れることの阻害など、すべて利用者の不利益です。

日本がいつの間にか多くの分野で先進国標準から引き離されてしまっていることは、様々な許認可行政や規制にまつわるＯＥＣＤ（経済協力開発機構）の指標に表れています。ＯＥＣＤ

に加盟している各国の先行事例を見習っていくことも必要になっているのです。

世界に誇る日本の食文化――先進国基準で考えよう

海外で日本食が注目されるようになってから、四十年ほど経ちました。一九七〇年代後半から、アメリカを中心に健康的な食生活や自然食がブームとなり、その中で日本の食文化がヘルシーで自然ということで非常に人気が高まったのです。

最初に日本食がアメリカでビジネスとして進出したのは、故青木廣彰氏が成功させた鉄板焼きです。「ＢＥＮＩＨＡＮＡ」第一号店の創業が一九六〇年代半ばのことで、以来、フランチャイズのレストランチェーンとして世界百店舗を展開する成功を収めました。

次いで、一九七〇年代から急速に広がったのが寿司人気です。それ以後も、天ぷらやすき焼き、懐石料理からラーメンまで、色々な日本食が海外でも楽しまれています。

特に寿司は、世界的な人気食となりました。日本では、全国の寿司組合で構成される全国すし商生活衛生同業組合連合会（全すし連）が昭和三十六年（一九六一）に十一月一日を「全国すしの日」と定め、各店舗でイベントなども行われています。これとは別に、世界的な記念日として六月十八日の「International Sushi Day（国際寿司の日）」もあります。最近はヨーロッパでも人気が高く、フランスは欧州最大の寿司消費国となっています。アボカドのような元の日本の寿司では使われなかったネタも登場し、現地化したものもあります。アメリカで考案されたカリフォルニアロールなどは、現在では日本でも人気となっています。

お寿司は、もはや国際公共財です。仮想通貨にも「ＳＵＳＨＩ」の名称がついたものがあるほどで、食べ物としてだけでなくブランドとして認識されているのです。

お寿司などの各料理を含む「日本食」という枠組みも世界に認知され、評価されるようになっています。日本文化としての「和食」は、平成二十五年（二〇一三）十二月、ユネスコ無形文化遺産に登録されました。特定の料理というよりも、日本の日常生活や年中行事、日本特有の四季や気候と結びついた食の様式が無形文化遺産として認められたのです。

近年、世界で日本食レストランが急拡大しています。農林水産省の資料では、平成十八年（二〇〇六）におよそ二万四千店だった店舗数が十年足らずで十万店を超え、令和元年（二〇一九）には十五万六千店と増え続けているのです。二〇一七年からの二年間でも、店舗数は三割増です。店舗数がもっとも多いのはアジア圏ですが、それに次いで多いのが日本食ブームの火付け役となったアメリカ、その後を追うヨーロッパのほか、中南米や中東、アフリカ、ロシアにも日本食レストランが増えていっています。
この調査は「現地で日本食レストランとして扱われている店舗等」を対象としているので、実際には他のメニューと合わせてひとつ、ふたつ日本食メニューを置く店も含めれば、もっと数が多くなると考えられます。日本食は、世界中で一過性のブームではなく、もっと地に足の着いた形で人気が出てきているのです。

これだけの数にのぼる日本食レストランですが、日本人が経営している店舗は少ないようです。筆者がアメリカで日本食レストランを利用するときにも、韓国系アメリカ人が経営している店が多い印象です。

同じアジア系だからということなのでしょうが、たとえば日本で中華料理店を日本人が経営していたり、中華料理を勉強したフィリピン人が店を構えていたりするのと同じです。最初は日本人が経営していても、撤退することになった際にその後の事業を引き受けるのは、日本人とは限らない場合もあるでしょう。

無形文化遺産の趣旨にあるように、日本食を文化や生活様式と関連して自然と身に着けている日本人からすれば違和感がありますが、社会を構成する人種の多様化、グローバル化というのは、そういうものです。事業を買い取ってでも続けようというのは、利益が出るからです。

それくらい、日本食を提供するのは魅力的な事業となっているのです。

日本食の美味しさは、欧米の食事とは異次元です。酪農の話のときにも強調しましたが、料理の場合も同じです。とにかく日本の食材や料理は美味しい。特にアメリカの場合は、味がないか塩味かケチャップ味のようなことも多く、日本のような素材の味を活かした繊細な味付けは、ものすごく美味しく感じられるのです。

一時期は政府が海外の日本食レストランに認証を与えようとして、アメリカを中心に不評を買ったこともあります。元々は、寿司をはじめ生魚を扱う日本料理の厳しい衛生基準を満たしていない店舗が、生魚を食べる習慣の少ない海外でよく見られたこともあり、日本食の安全性や信頼性が損なわれるという危機感から始まっています。現在はむしろ、衛生も含めたスタンダードな日本料理の技術を持つ料理人を広く海外からも募集し、コンテスト形式で料理を競ってもらって顕彰する形に落ち着いています［※8］。

最近は、外国人観光客向けの日本料理教室ツアーや、一般向けのレクチャー動画発信など、お店で本格的な日本料理を食べたいという人から家庭で作ってみたいという人にまで、裾野が広がってきました。日本食に合うお酒ということで、日本酒の人気も高まっています。

こうした普及の背景を踏まえ、日本食を産業として見た場合、食材の輸出もまだまだこれからです。日本食には欠かせない米にしても、海外の日本食レストランで使われているのはカリフォルニア米が大部分を占めます。カリフォルニア米は、元は戦前の日本人移民が稲作と改良を進めて定着したもので、安価で安定的な供給が可能なため世界中の日本食レストランに輸出されるようになりました［※9］。

このほか、JETRO（日本貿易振興機構）のレポートを見ると、日本料理に使われる野菜や、コシヒカリなどの国産品種をアメリカで現地生産する試みが続けられています［※10 ※11］。

アメリカで手に入らない野菜の栽培には、土壌の違いなどで生産に困難もともないますが、日本食の普及にともない需要もあり収益が上がるので、他の農家も参入するケースがレポートで報告されています。これは日本食の普及という面では利益ですが、日本の国産農産物の輸出という面ではビジネスの機会を失ってしまっていることになります。

日本の農産物は、食材そのものの質も高いのですから、一般向けの調理法もあわせて輸出すれば大きなビジネスになります。最近は豆腐もヘルシーな食材として注目を集めていますが、同じ材料を使っても調理法によってでき上がりは様々です。日本で世界中の高級料理から家庭料理までが楽しめるように、日本の調理法と食材を一緒に輸出してレストランでも家庭でも楽しんでもらえばいいのです。

こうしたことにも、自由貿易の体制をきちんと作ることが重要です。お互いの国が保護主義的な政策を行っていると、お互いに美味しいものが食べられないのです。

後述しますが、日本は、環太平洋、アジア、欧州、アメリカと、大きな貿易協定にすべて参加しています。日本には輸出や投資のハブとして機能する可能性が国際情勢の中で生まれています。日本食も、この環境の中にあるビジネスのひとつです。

こうした貿易協定の中でも、特にＴＰＰは知的財産権のルールを守ろうという重要な項目を定めています。調理法や料理に関する知的財産としての取り扱いは、国内的にも国際的にも色々な法解釈がありますが、知的財産や特許として守られているものもあります。共通のルールをもとに、一緒にビジネスを行えることでお互いの文化を尊重しながら新しいものを生み出し、収益を上げ、美味しいものが食べられる。こんなに良いことはありません。

この環境を活かせない、日本の潜在力を解放させない仕組みは、日本国内にあります。多くの規制や、複雑な税制、高い税率です。

農産物に限らず、工業製品や色々な分野で、日本は競争力が弱くなったと言われます。実際には日本全体で輸出は伸び続けています。これまで通りの仕組みでも輸出の規模が拡大してきたのですから、日本側がもっと設備投資や改良、制度の見直しを行い世界市場への輸出を睨んだ国内条件を整えれば、もっと大きく輸出を伸ばせるのです。

農業の規制に関しては、第一章で国家戦略特区の兵庫県養父市の事例を紹介しましたが、それ以外にも日本の農業生産性はもっと上げられるとして、民間から挑戦する人たちも出てきています。

日本はすでに先進国として、国際社会で何十年もの実績を積んでいます。加盟各国と先進国基準の近代的なルールを共有し、健全な運用を支援しながら、自分たちも世界市場へ打って出ればよいのです。日本食のように産業とコンテンツが一体となる競争力の高い分野をはじめ、多くの産業で歴史と文化、経験に裏打ちされた分厚い土台があるのですから、打って出れば勝てるはずです。政府がそれを妨げてはいけません。また、産業を担う国民のマインドが保護主義的なままでは、日本全体の経済規模だって縮んでいってしまいます。

日本の食材を含めた日本食の普及には、何よりも、自由貿易協定で人の往来がスムーズになり、海外に住む日本人がもっと増えていくときに、個人単位でも利益があります。海外で日本人が暮らしやすくなることです。

元々、カリフォルニアでの米栽培は、移民していった人たちの需要を満たすために始まりました。現在、若い人の留学やワーキングホリデーでも、ホームシックになる要因のひとつに各国との食文化の大きな違いが挙げられています。日本の調味料やお菓子を持っていくことが対策方法になっているくらいです。そういうときに現地の料理も、故郷の味である日本食も、両方を当たり前に食べることができれば、勉強以外のことにエネルギーを割かれなくて済みます。海外に行くことの多い筆者にとっても、行く先々での日本食の普及は嬉しい。そして重要なのは、普及は政府ではなく民間企業がビジネスとして担うのだということです。

そのために日本に必要なのは、民間が世界へ打って出るために自分たちの持つポテンシャルをどうやって解放するかを自ら考え、政府によって妨げられているもの、後発国基準の保護規制を取り除くことなのです。

※1　日本経済新聞「『5000年に1度』の奇跡　レスター優勝の衝撃力」2016年
https://www.nikkei.com/article/DGXMZO02557140Q6A520C1000000/

※2　株式会社サイバーエージェント「サイバーエージェント、日本のスポーツベッティング市場規模を7兆円と推計」2020年
https://www.cyberagent.co.jp/news/detail/id=25267

※3　鷲尾香一「『公営ギャンブル』がコロナ禍でも大盛況…だが、手放しに喜んではいられないワケ」マネー現代、2021年3月7日
https://gendai.ismedia.jp/articles/-/80913

※4　公益財団法人　日本生産性本部「レジャー白書2020」
https://www.jpc-net.jp/research/detail/004580.html

※5　ゴルフ場利用税廃止運動推進本部「ゴルフ場利用税廃止！　１０００万ゴルファーの悲願」
http://www.kgk.or.jp/jgmd/img/nomoretax.pdf

※6　原野城治「『クールジャパン』はこんなにひどいことになっていた」２０１８年
https://gendai.ismedia.jp/articles/-/55359

※7　鬼木甫「海外における電波オークション落札価格と日本における落札価格の推定」２０１０年
https://www.osaka-gu.ac.jp/php/fumihom/Kenkyu/Kyodo/oniki/noframe/download3/201011a-ppt.pdf

※8　和食ワールドチャレンジ
https://washoku-worldchallenge.jp/2020/

※9　東京農大農学集報 65(1), 1-8(2020) 立岩寿一「カリフォルニア稲作と移民日本人」
https://nodai.repo.nii.ac.jp/?action=repository_action_common_download&item_id=825&item_no=1&attribute_id=19&file_no=1

※10　ＪＥＴＲＯ　ニューヨーク事務所「平成30年度　米国における日本食レストラン動向調査」
https://www.jetro.go.jp/ext_images/_Reports/02/2018/c928ae49736af7f3/us-report-201812r2.pdf

※11　SMART AGRI　田牧一郎の「世界と日本のコメ事情」２０２１年３月２日　アメリカで日本のコメ作りに挑戦した理由
https://smartagri-jp.com/management/2435

第四章

学問を元気にする

図書館のポテンシャルを引き出す民間の力

学問の基本となるのは色々な本を読むことです。個人で何万冊もの蔵書を持つような人もいますが、多くの人は図書館などを利用して調べ物をしたり、あるいは趣味の読書をしたりするのではないでしょうか。

日本に初めて近代的な図書館ができたのは、明治五年（一八七二）のことです。それ以前にも、蔵書を管理し一般への貸出を行う人はありましたが、明治初期には公共の社会施設としての図書館が福澤諭吉のような知識人によって紹介されています。そこで、明治政府は東京の湯島に官立公共図書館である「書籍館《しょじゃくかん》」を設立することとなりました。今からおよそ百五十年近く前のことです。

この書籍館が東京図書館、帝国図書館と名称を変え、戦後、GHQへ依頼してアメリカ本国から専門家を招き、昭和二十四年（一九四九）に現在の国立国会図書館が設立されます。帝国図書館や議会図書館の蔵書は、ほとんどが国立国会図書館に引き継がれています。

国立国会図書館には、日本国内で出版されたあらゆる書物が集まってきます。絶版書を探したり、戦前の書籍を読んだりするのにはとても便利です。根拠法は一般の公共図書館とは別の

「国立国会図書館法」となっていて、国内の図書館の中でも少し特別な役割があります。政府や国会からの調査研究依頼に応じ、「国会議員の職務の遂行に資する」ことが定められています（第二条）。館長は議会の指名と承認によって任命されます。

一般的な公共図書館は、昭和二十五年（一九五〇）四月に公布された図書館法に基づいて運営され、一般の人たちが無料で利用することができるようになっています。無料といっても、税金をかけて運営されているということです。この法律の適用範囲は、地方公共団体が運営する公立図書館のほか、学校を除く様々な団体が運営する私立図書館にも及びます。一般公衆が本に触れることができ、「国民の教育と文化の発展に寄与する」目的が謳われています。特に公立図書館は、入館や資料の貸出に際しては対価を徴収してはならないと定められています（第十七条）。

大量の蔵書を良好な状態で管理し多くの人々の利用に提供するには、人件費や施設の維持管理費など莫大なコストがかかります。図書をはじめとする資料を収集するため、億円単位のコストもかかります。それでいて、利用者から対価を得て利益を生み出すことは、法律によって規制されています。利用率が低下するに任せていては、存在意義を問われて予算獲得もままなりません。予算が得られなければ、蔵書の管理もままなりません。このため、図書館のあり方や運営の仕方を含め、見直しがされてきています。

図書館によっては、役所が運営するのではなく、民間企業に委託する試みも行われています。商業施設との合併や集客イベント、カフェの併設といった事業を通じて、できるだけ多くの人たちに来てもらおうということです。そして集まった人たちが楽しんで有料で利用してもらえるようなコンテンツを作り、収支を改善していこうとしているわけです。見た目にも、いかにも古臭い建物が斬新なデザインになったことによって、SNSで画像が話題になる図書館も増えてきました。こうしたことを可能にしたのは、平成十五年（二〇〇三）九月に施行された指定管理者制度です。図書館などの公的な施設を民間企業のような営利機関、NPO法人、市民グループなど、指定した団体に管理運営させる制度です。その結果、コスト削減やサービス向上につながり、開館時間をこれまでより長くしたり、電子アプリで書籍の予約ができるようになったり、これまで利用者が「あったらいいな」と思うようなことができるようになりました。便利だし、お洒落だしということで、利用客が大幅に増加した例があります。

たとえば、神奈川県海老名市の市立図書館です。平成二十六年（二〇一四）度に指定管理者制度を導入した海老名市立中央図書館は運営に関して様々な問題提起もされましたが、初年度の来館者数二十六万人から翌年度には八十万人にまで増え、前年比およそ三倍増の実績となっています。図書を多くの人に読んでいただくことを考えれば、大変意味のある数字です。

また、同じ神奈川県の大和市は、「シリウス」という施設を作りました。図書館、芸術文化ホール、子ども広場、生涯学習センターに加え、コンビニエンスストアやカフェもある複合施設を作り、「文化創造拠点」を謳います。「誰もが居場所を見つけられるように」をモットーとして、飲食可能なスペースを含め館内のどこでも図書館の本が読めるというような従来にはなかった施設です。駅から徒歩三分の立地の良さもあり、オープンから三年間の累計来館者数は一千万人を超え、来館者数は日本一と言われています。運営会社の「やまとみらい」は、株式会社図書館流通センターを筆頭に、複数の民間企業から構成される団体です〔※1〕。

こうした民間の経営ノウハウを活かした運営が始まり、実績を上げているのが最近の図書館の状況です。

公立図書館がこのように変わってきている中、民間図書館というものもあります。行政が持っている図書館を民間企業に運営してもらうのとは異なり、図書館の所有・運営のすべてが民間で行われているものです。実際に運営しているのはNPO法人などの団体で、地方でよく耳にするような、商店が経営をやめてしまい「シャッター通り」と呼ばれるような商店街の一部を借りた図書館です。借りたスペースに地域の人たちから本を集めて、図書館を作ります。中には数千円単位の出資で、そのなかの本棚ひとつをプロデュースする権利を買うことができるものもあります。

これは、近代的な図書館運営をモデルにした公共図書館とは、まったくコンセプトの異なる民間図書館で、こうした試みも増えてきています。

お客さんがまばらになった商店街、マンションの公共スペースなど、設置場所は様々です。図書館が設置されたところには住民が集まり、交流が生まれます。地域コミュニティの中で、人々の生活をつなぐハブのような役割を果たしていくようになるのです。

運営イメージとしては福祉施設に近い感覚です。働いている人たちはボランティアで、高齢者はそこで働くことで若い人たちと交流を持ったり、生きがいを見つけたりすることができます。また、利用者は地域のイベント情報を得たり、子育ての相談をしたりといった、世代を超えた教育のようなものができる、本を管理し、貸し出すという運営に留まらない様々な機能が期待できます。しかも、人々をつなぐことを、知的なもの——書籍に媒介させようという試みが民間図書館です。

第三章の登山の話のときにも出てきましたが、よく使われる言葉に「自助・共助・公助」があります。この民間図書館の仕組みは、自助や共助を盛り上げていくものです。

筆者の大学の後輩に、この民間図書館をNPO法人として運営してきた第一人者がいます。そこで、彼が新しく開いた民間図書館に寄付をしたら、名誉館長のような称号をいただきました。僕自身はビジネスで忙しくて地域に毎日それほど関わっていなくても、そうした活動に出資することで少しだけですが地域に関わった、貢献できたことになります。地域での関わり方は様々でも、色々な人たちが濃く薄く関わり合いを持つことで、図書館を運営していくのです。そうしたスタイルを持つことにより、戦後の近代的な図書館とともに、戦前の「文庫」に近いものも存在するようになる試みです。

明治初期、公共図書館の導入とともに、地域の名士のような人たちが新聞や書籍を集め、そうした場所を中核とする地域コミュニティでは、勉強会が連日連夜行われました。明治維新後の社会変動の中で自分たちの地域をどうしていったらよいか、議論が交わされたのです。

本を貸し出すという図書館の業務に似たものは、江戸時代の貸本業が存在します。もっとずっと遡れば、奈良時代には石上宅嗣《いそのかみのやかつぐ》の営んだ芸亭《うんてい》や、菅原道真が自邸に開いた書斎兼文庫の紅梅殿など、貴重な書籍を学徒たちの利用や閲覧に供した例があります。

日本には、コミュニティで知識を共有するような、また地域に属する人たちが民間で議論をして地域を盛り上げるような、公共図書館とは別の歴史的な図書館文化があったのです。現在盛り上がっている民間図書館は、そのような古くからの日本の図書館文化の後継者のようにも見えるのです。

多くの人たちは、図書館というと役所が運営している公共の施設というイメージが強いかも知れません。ところが、発想を少し切り替えるだけで、まったく異なる広がりを持った図書館を構想することができます。そうしたものは、地域や経済の強さにつながっていくことになります。

地域で本を読む人たちがたくさん集まって、相互につながりを持つことによって、行政に任せるのではなく自分たちでやってみてもいいかも知れないと思うことが出発点です。その事業が成長していき、新しいサービスとして提供できるようになる、すると地域に貢献して地域の結節点として機能する、そして地域が成長するという新しい循環ができていくことになります。

日本での地域の助け合いは、核家族化や孤立で弱まってきていると言われます。高齢者の一人暮らしは、多くの地域で何とかしなければいけない問題だと認識されています。

民間図書館のアイディアは、ふたたび地域を結びつける大事な要素となっていくのではないでしょうか。

大学ビジネス!?　真の学問のためのお金の話

日本で近代教育制度が導入されたのは、明治五年（一八七二）のことです。江戸時代を通じて各藩や地域の教育を担ってきた藩校や寺子屋がそれぞれ中・高等教育、初等教育の土台となって支え、中央政府が国民の教育を統括する形が整備されていきました。

明治十年（一八七七）四月には最高学府として東京大学が設立され、当初、法・理・文・医の四学部制でUniversityとして出発します。Universityの訳語に「大学」が当てられたのは、古代律令制の時代から学問を司る府として大学の語があったからです。

明治二十年（一八八七）には学位令が制定され、日本での学位称号の規定ができました。翌明治二十一年（一八八八）五月、日本で初めて博士号が授与されます。対象となったのは二十五人の学者でした。欧米の技術や制度を輸入して追いつこうという時代に、日本で科学技術や最先端の制度などの研究の第一人者と最初に認められた人たちです。

現在、高等学校を卒業した後に大学へ進学する人がとても増えています。文部科学省の「学校基本調査」によれば、令和二年（二〇二〇）度の数値で高校を卒業した後に何らかの高等教育機関へ進学する人は八三・五％にのぼり、大学の学部進学率は過去最高の五四・四％となりました。

一九七〇年代から大学への進学率は概ね継続して増加を続けてきました。一九八〇年代から大学進学熱が過熱化し、九〇年代にかけて団塊ジュニア世代と呼ばれる出生数の多かった世代が高校を卒業する頃になると、私立大学でも早稲田や慶應、明治、立教などの合格倍率は二十倍を超えるところも出始めました。現役合格できなければ浪人をして予備校に通い、それでも合格できない狭き門だったので、大学に合格すること自体が目的化してしまう傾向も強まっていきます。その後少子化が進み、不合格率が極めて低下したことで「大学全入時代」と呼ばれる現在に至り、大学のあり方について問題も多くなってきています。

少し前までの大学は、半分遊園地のような状態でした。みんな遊びに来て、学位を取って卒業するようなことが続いてきました。最近は出欠確認も厳しくなり、少しはマシになりましたが、今度は教える側にも十年前や二十年前と同じことを教えているという問題が出てきました。教える側が内容の更新や工夫もなく、学生たちは出席日数のために大学に通って、それで単位を取得して卒業していくわけです。これでは大学自体の質も下がっていきますし、学生もまともに勉強できないので、大学を卒業した人材の質も担保できなくなってしまいます。

基本的には、大学卒業資格は国内の学制の中でもっとも高い水準の教育を受けた証明です。

企業が優秀な人材を獲得する指標でもあります。このため、現在の学位さえあればよいという問題は、大学が果たすべき機能を十分に果たしているのかが怪しくなっているという意味なのです。

大学に多くの人たちが進学するようになり、今度は高校の問題も出てきます。「大学に入るための勉強をするところ」という意味合いが強くなっていますが、「高校に通う生徒たちは大学での教育を受けられるだけの学力を高校教育で得られるのか」ということです。日本の教育制度の中で大学の位置付けが非常に曖昧かつ、最高学府という本来の目的にはあまり役に立たないものとなっているため、教育システムの全部がおかしくなっているのです。

こうしたシステムの狂いは、政府の政策にも現れます。

平成二十二年（二〇一〇）三月、高校無償化の法整備が行われました。公立高校の授業料無償化と、国立・私立高校の授業料を援助する高等学校等就学支援金制度による実質無償化の導入です。

さらに令和二年四月からは、高等教育の修学支援新制度として一定以下の所得世帯に対する大学無償化も始まりました。家庭の所得に応じて大学の入学金や授業料を減免する制度で、さらに学生の生活費を補助する給付型奨学金があります。

これは大学での学位取得が就職のための資格のようになっていることで、家庭の金銭的な事情で子供が大学に行けないのは困るからです。また、もうひとつは大学を作りすぎてしまったという国側の事情もあります。

日本の大学は国立大学を除き、文部科学省の設置認可を受けて設立されます。従来、教育の質が低下することを防ぐためとして、大学設置・学校法人審議会は新増設を抑制する方針をとってきました。平成三年（一九九一）、平成十五年（二〇〇三）と二回にわたる規制緩和を経て、大学の数は一九九〇年時点で五百校前後だったものが二〇二〇年には八百校程度にまで増えたのです［※2］。

規制緩和は良いことなのですが、その結果として私立を中心に増えた大学や短期大学の中には、大学として成り立たないようなものも多くできてしまいました。大学教員の質も問題ですし、学生たちも勉強しに行っているわけではないような、「名ばかり大学」です。大学によっては、日本人の学生が集まらなくて、仕方がないので外国人留学生を大量に入れて何とか成り立たせるようなところもできてしまいました。実際に、私立大学の三分の一は定員割れを起こしています。

大学は就職のための資格を得る場になってしまいました。そして誰もが進学するようになったのですが、大学の定員に対して学生数は減少しています。大学も一度作ってしまったら今さら潰すわけにもいきません。だから教員や働いている職員の雇用を確保するための無償化でもあったのです。経営が成り立たないような大学を税負担によって生き残らせているのです。

大学の数を増やす本来の目的は、大学同士で競争させることです。競争に勝つために、大学がより質の高い教育と研究を目指すことで、優秀な学生が国内外から集まり、高度な教育を受けた人材を輩出して社会に貢献することになるのですが、実際にはそれがゾンビ化しつつあるのが現在の状況です。この状況を誤魔化すために行っているのが無償化です。家庭環境や所得に限らずみんなが勉強できるようにするという建前は、一見良いものに見えるかも知れませんが、本質的には日本国内でもっとも高い水準にあるはずの教育を腐らせていくだけです。

直接的に大学に補助金を入れる形ではないので分かりにくいのですが、国民に利益があるように見えても実際には、大学は税金で支えてもらうので教育の質は経営とは関係なくなります。学生も「税金で自分の授業料が払われているのだから通っておくか」という意識になりますから、非常に質の低い教育だけが残ることになるのです。

政府が大学の教育に税金を入れ無償化するのだから、政府の監督によって教育の質は上がるのではないかと考える人もいるかも知れません。これは、まったく逆です。現在でも文部科学省は大学の授業内容やカリキュラムについて、きちんと運営されているか徹底的に監査していきます。監督していてすら現在の状況なのですから、もはや形式主義です。大学側は教える内容を充実させて学生に満足してもらうのではなく、文科省の監査をクリアできればいいという頭になっているということです。

国内だけで見てもこの有様ですが、世界と比較するともっと愕然《がくぜん》とする結果が出ています。イギリスの高等教育情報誌『Times Higher Education』が発表した二〇二一年の世界大学ランキングでは、トップ二〇に日本の大学はありません。東京大学は三十六位、京都大学は五十四位です。トップ一〇〇で見ても、ランキングに入っている日本の大学はこの二つだけです。

同じくイギリスの世界大学評価機関、Quacquarelli Symondsが発表した最新のランキング「QS World University Rankings 2022」では、東大・京大をはじめ四十八大学がランクインしていますが、およそ半数が前年よりも順位を下げる結果となっています［※3］。

現在の日本の大学は、文科省に気に入ってもらえるかどうかが基準です。学生の側にも、社会の側にも向かずに、単に日本の高等教育を担っているだけなのです。また、文科省の外郭団体による監査のために、大学の職員や教員は、ひたすら役所に出すための書類づくりをしなければなりません。研究に時間を振り向ける労力を文科省に振り向けて仕事をしていることになります。これは国家的な不幸です。

問題を改めていくことで研究者は研究に力を注げるようにする、大学に通う学生のために質の高い教育を提供するなどの改革は、教育無償化という税負担化ではできません。もっと自由に大学側に経営させ、「潰れるところは潰れるしかないでしょう」というやり方の方が重要です。

こうした自由化に対して、大学の学費が上がることを心配する人もいるでしょう。実は、学費についてはもっと別の考え方ができます。本当に優れた教育を提供できるのであれば、大学が学生に奨学金を用意すればよいのです。

現在の国の制度でも複数の奨学金制度がありますが、利用者が多いのは貸与型です。これを大学が行うというのはどうでしょうか。その大学の教育によって、卒業生たちには付加価値が付いています。さらに、学生たちが学費以上の価値を得られるのであれば、社会に出た後に回収できます。学部にもよりますが、私立大学の四年間の授業料は、平均で四百万円です。回収ができないというのであれば、「四百万円にもならないような教育を学生に四年間も施しているのですか?」となります。

この平均して四百万円かかる授業料も、もっと安くできます。これだけの費用がかかりながら、大学の職員や研究者は文科省に対して提出する書類を作ることに大きな労力を割いています。そんなことはやめてしまって、大学は学生の方に顔を向ける。そして外部の企業や財団から、自分の研究でも共同研究でも、資金を獲得して高い水準の研究を行い、学生への教育に最新の研究成果を還元するように変えていく。すると、現在重石《おもし》になっている文科省への不毛な提出書類作成という大学側の経営コストを削減でき、より良い授業や研究を促進し、大学の収益も学費以外のところから得られるようになるのです。

二〇二〇年から世界中で流行している新型コロナウイルス感染症に対応するため、全国の大学がオンライン授業に切り替えています。これに対しても、通学をしないのだったらもっと学費を下げてほしいという声が上がっています。当然のことです。

入学金を除いて、学生が大学に支払う金額には大学の施設設備費も含まれます。このほかに実験や実習のある理系学部は文系学部よりも金額が大きくなるのが一般的です。「講堂で授業を行わないのに、その施設は必要なのか？」ということも、これからは考えていかねばならない部分です。

昭和三十一年（一九五六）の文部省令第二十八号「大学設置基準」では、大学が設置しなければならない施設について、細かく規定されています。こうした規定は、一種の規制です。大学の施設を作ることが目的なのではなく、質の高い授業を提供し、質の高い学生を輩出することが目的なのですから、形式の部分をもっと安く抑えられるのであれば、当然安く抑えることが経営上の判断になるのです。

大学生活の中で学生同士のコミュニケーションが必要だということもあるでしょう。でも、学生が集まれる機会を別途に大学がいくつか用意すればよいだけの話です。たとえば放送大学は、文科省に認可されている通信制の大学です。授業料が単位ごとに設定されていたり、全科の学生も一般の大学に比べてかなり安価な授業料で勉強することができます。対面授業も単位取得のために義務付けられていますが、テレビやラジオの放送が授業のメインです。こうした大学でも、自分が履修している分野に関わらず、学生同士の多くのサークルで交流ができます。自分たちで集まることも、大学が特に場を提供することもありますし、サークル活動が大学の広報誌で紹介されることもあります。何よりも、大学が用意する公共スペースとして在学生限定で利用できるウェブサイトの仕組みが充実しています。学習計画から大学事務局への相談、同じ授業を履修する人との交流に教授への質問までをカバーするサイトが用意されています。こうしたノウハウから他の大学で取り入れることのできる方法もあるでしょう。

授業自体が学生のコミュニケーションを満たすものだという形をやめて、機能を分化していけばよいだけの話なのです。より良い教育と学生へのサービスが提供できる大学は、当然、他の大学に比べてより優秀な学生を集めることができます。「税金が入らないと授業料が得られません」というような大学に通うことはありません。無償で学生に通ってもらわなければならないような条件で提供される教育など、根本的に間違っています。これは、学生にとっても不幸ですし、何よりも日本国全体の損失です。

教育は国が保護しなければならないという発想を転換して、学問が本来あるべき場所に収まることで、学生にとっても社会全体にとっても大きな恩恵となるのです。

博物館民営化？——社会に貢献する魅力的な存在

図書館や大学といった教育に関係する施設のほかにも、学問や知識を得る、学びを得るための公共施設には博物館があります。様々な物品や資料を集め、収集物を保管・展示する施設の歴史は深く、紀元前まで遡ることができます。当時の成り立ちは、神様に捧げものをする神殿に由来し、日本の歴史の中で似たものとしては正倉院宝庫があります。

博物館の訳語が初めて登場するのは江戸時代末期、文久年間のことで、明治時代に入って西洋の文物が数多く取り上げられる中で博物館も広く紹介されました。

現在では、多くの分野にわたる博物館が世界中に設置されています。世界最大規模と言われているのがアメリカにあるスミソニアン博物館です。ワシントンD.C.に本拠を置くスミソニアン・インスティテュートによって複数の博物館・美術館などが一体運営され、この博物館群の収蔵数は一億四千万点を超えます。取り扱っている分野は歴史や生物・自然科学から科学技術、航空宇宙まで幅広く、十九施設もの博物館群のほか研究センターは九施設を数え、学術書の出版も行っています。

日本国内でも、動植物園や水族館なども含めると博物館・博物館と同等の業務を行っている施設は五千施設以上あります。文化庁の統計では、圧倒的に多いのが歴史博物館、次いで美術館、科学博物館と続きます［※4］。

博物館の目的には、収集・保存・展示のほか調査研究や教育・啓蒙があります。たとえば、東京のお台場にある日本科学未来館は、「科学技術を文化として捉え、社会に対する役割と未来の可能性について考え、語り合うための、すべての人々にひらかれた場」という設立理念を掲げています（日本科学未来館　https://www.miraikan.jst.go.jp/aboutus/）。現在は日常生活の中で様々なテクノロジーに囲まれて暮らしていますが、当たり前に身の回りにありながら、それらが実はどういうものなのかを意識したり科学に触れたりする機会は意外と少ないものです。そこで、日本科学未来館はそうした技術や自然科学を改めて客観的に知り、生活とのつながりを感じることのできる場を社会に提供しています。学習教材のような役割のコンテンツを通じて一般の人に学びを提供することや、専門家と一般の人をつなぐことのできる人材の育成が事業の柱となっています。

日本全国にたくさんあるこうした公共施設、学びの場にもそれぞれ目的が掲げられています。利用者は、普段得ることのできない知識や学びを得るための公共の場として利用します。博物館そのものの利用者数は年間で五千万人から六千万人で、博物館に類似する事業全部を含めた総利用者数の二割程度です。より多くの人に学びの場を活用してもらうためには、マーケティングや顧客満足度などの評価改善に民間のノウハウを取り入れることが重要です。

国公立の博物館の多くは、行政の外郭団体が運営しています。自治体によっては市営や県営など、行政が直接運営している施設も多数あります。

この運営が民間に開放されるようになったのは平成十五年（二〇〇三）の地方自治法改正以降のことで、平成十八年（二〇〇六）には国立博物館も規制緩和の対象となりました。公立図書館と同様の指定管理者制度やＰＰＰ（パブリック・プライベート・パートナーシップ：公民連携）のような委託方式を使い、運営を民間に任せることが進められています。

行政の経費削減とともに、施設に新しいサービスを追加し、利用者が楽しめるような場にしようということです。

指定管理者制度の導入が各自治体で積極的に行われている背景には、財政上の理由から経費削減の必要性が高いこともあります。ただ経費を削減するだけでは、むしろサービス水準が下がるようなイメージがありますが、民間に運営を任せることで、コンテンツの商品化や学習コンテンツの開発・制作などが行われ、新たな売上げを生み出すところまでできれば、さらにサービス水準の向上が期待できます。

一方、行政側からは色々な反対や批判もあります。平成十九年（二〇〇七）には、日本学術会議が「博物館の危機をのりこえるために」という声明を出しています。民間委託によって長期的に博物館本来の社会的な機能が低下・毀損《きそん》されてしまうのではないか、という懸念にもとづいて作成された提言です。柱となっているのは、農業の農地取得と同じような規制を設け、受託資格に条件をつけようというものです［※5］。

博物館のある地域の住民や施設の利用者の側から見れば、運営を誰が行っているのか、役所の直営なのか民間が運営しているのかは関係ありません。官営、民営に関わらず、利用者にとって重要なのは実際のサービス内容です。サービスが良くなった、楽しめるイベントが開催されるようになったという、現実的な利益の部分です。利用料金の徴収もある程度自由化すれば、逆に「良いものを安く提供する」方向性だけではなく、利用料は少し高めでもより良い展示や解説を提供するといった方向性も柔軟に試みることができます。利用料金は委託の際にある程度決められてしまっても、前段階で「この金額で、うちはこういうことができますよ」という提案を民間から出してもらい、複数の案から選ぶ形ができれば、行政の直営で運営するよりも良い事業アイディアが得られるのです。

民営化が博物館機能を損なう弊害になりかねないという懸念も、民営化が中途半端だったり形式上だけになっていたりすることが原因です。民間への委託といっても、現実には行政と結びついた関係者の団体に一社入札のような形で委託をしていることがあるのです。これでは民間委託の恩恵は得られません。こうした場合、単純に行政の経費削減が目的化し、施設の職員が公務員や準公務員から人件費の安いボラバイトに置き換わるだけのようなものになってしまうことが往々にしてあるからです。

運営経費が安くなるのは良いことですが、多くの博物館は設立や機能の維持、収蔵物の収集に大変な金額がかかります。これは図書館と同じです。それならば、その施設を本当により良く使えるプランを持っている人たちに運営を任せるのがベストだというのが、民営化の本来の考え方です。

指定管理者制度では、事業プランも含めた総合評価方式という審査の仕方があります。複数の事業体から提案を出してもらうことで、多少コストはかかっても住民や利用者にとってより良いサービスが提案されていれば、単に一番安価なものではなく良いものを採用するという方法もあるのです。すると、今度は審査の方針や施設に対する考え方、審査員の人選が重要な要素となってくるのであって、運営権を民間に委託すること自体が問題なのではありません。

審査の方針自体、あるいは適切な審査員基準がないまま役所が小難しい総合入札方式のようなシステムだけを作り、事業提案に対して審査を行えば、元々の博物館の設立趣旨から逸脱した運営がされて似ても似つかないものになってしまう可能性があります。

博物館のような市場ニーズだけではなく公共性に適う運営が望まれる施設は、むしろ完全民営化によって目的を充足できるしっかりした運営者に任せることも、ひとつの方法です。単に市場ニーズに合わせて受益者に利益を返すだけではなく、施設自らがミッションを掲げて寄付を集め、寄付者にはその施設の存続に貢献することによって社会的意義を果たしているという満足を提供するのです。こうした経営ノウハウは、海外の博物館に対する調査でも報告されています。

冒頭に紹介したスミソニアン博物館がその代表例で、経営改革の事例がよく知られています。スミソニアン博物館は、連邦政府からの財源のほか、寄付金で運営されています。二〇二一年七月には、アマゾン・ドット・コム創業者のジェフ・ベゾス氏がスミソニアン航空宇宙博物館の振興に二億ドルの巨額寄付を行い、スミソニアン協会設立以来の最高額だと話題になりました。これほど大きな金額ではなくても、様々な企業や研究機関が博物館の存在意義に対して寄付を行っています。よく、日本との比較で寄付文化の有無が言われることがありますが、むしろ博物館への社会的認知や世間での評価が高く、博物館に寄付することが企業利益だと判断するに足る付加価値が、運営によって提供されていることが大きな要素となっているのです。

たとえばスミソニアン博物館群のうち、二〇〇九年に公開された映画『ナイトミュージアム2』の舞台となった国立自然史博物館の場合、連邦政府から拠出される予算は厳しく用途が決められています。そこで博物館側は外部資金獲得のため、閉館後の時間を活用して博物館という特別な空間をイベントやパーティの会場として企業に貸し出し、年間百万ドルの寄付を得ています。一方、一般の利用者は入館無料で、クリスマス以外は年中無休、世界中から年間七百万人以上が訪れます。こうした一般入場者からは、館内に置かれた募金箱や一ドル館内マップによって募金収入があります。こうした自己資金のうち七割以上の金額が膨大な所蔵品や展示物の維持を支えているのです［※6］。

企業や地域とのコミュニケーションをとりながら資金を集めるファンドレイジングは、海外の博物館運営において重要な役割に位置付けられています。お金を集めて回るだけではなく、顧客満足度調査による評価をきちんと行い、メンバーシップ制度で一般有料施設の無料入場など支援者をしっかりフォローします。魅力的なコンテンツを活かしたPRやショップ運営を含め民間企業の手法を取り入れながら、連邦政府予算だけでは財源の足りない部分、つまり本来の博物館機能の維持・向上を充足させているのです。日本のような「民営なのか、公営なのか」という経営形態だけに集中した話は、些末《さまつ》な議論であることが分かります。

行政の直営で施設が運営される場合、担当者や責任者は施設運営のスペシャリストではないことも多々あります。たまたま人事異動で所管課に配属されたような人でも運営を担うことになるのですから、より良い経営を目指すという点では民間が持つ経営ノウハウに勝るわけではありません。

民間企業の側は、完全に民営化するのか委託として請けるのか、事業の形態を含めて競争し、博物館や美術館の運営スペシャリストとしての実績を作っていけばよいのです。そして、より良いサービスを地域の住民や利用者に提供し、公的に意味のある施設運営を寄付者に支えてもらえるようになれば理想的です。

現在、公立博物館などの運営についての民営化の判断は、基本的には施設のある自治体の首長が決定していく事柄ですが、単にコスト削減を言っているのなら注意が必要です。本当に優れた経営を行えるから民間委託をする、それが地域の発展にも資するのだということを明快に説明できる首長さんがいる自治体では、施設が無駄にならないで済みます。すでにある公共施設をただそこにあるまま維持していくよりも、地域の人々や国民全体にとって、学問や教育の分野で大きな財産としていく方が建設的です。公営か民営かを話題にするのではなく、より良いサービスや面白いイベントとその意義が話題になっていく方が、長い目で見て教育を下支えし、学問を元気にすることにつながるのです。

※1　大和市　指定管理者選定審査報告書
http://www.city.yamato.lg.jp/web/content/000099755.pdf
※2　ReseEd「大学数・学生数は50年間で倍増、女子占有率も上昇」
https://reseed.resemom.jp/article/2020/11/04/812.html
※3　「QS World University Rankings 2022」
https://www.topuniversities.com/university-rankings/world-university-rankings/2022
※4　文化庁「博物館数、入館者数、学芸員数の推移」
https://www.bunka.go.jp/seisaku/bijutsukan_hakubutsukan/shinko/suii/

※5　日本学術会議「博物館の危機をのりこえるために」２００７年
http://www.scj.go.jp/ja/info/kohyo/pdf/kohyo-20-s6.pdf
※6　全国科学博物館協議会　「平成29年度海外先進施設調査報告」
http://jcsm.jp/wp-content/uploads/pdf/2018_03_%E9%87%8E%E6%9D%91%E6%B0%8F.pdf

第五章

日本を開かれた国家にする

モリソン号事件からみる「自由な社会の重要性」

本書では、民間の活動にもとづく自由な発想、新しいものを生み出す力や可能性がどのように社会の利益となるのか、色々な分野を取り上げて述べてきました。大前提となるのは、自由で開かれた社会です。

戦後の日本はもう七十年以上も自由主義国のひとつとして、国際社会でやってきたじゃないかと思う人もいるでしょう。では、自由で開かれた社会の何が重要なのか、江戸時代を例に肝を押さえておきましょう。

幕末の黒船来航より十六年ほど前、天保八年（一八三七）の夏、モリソン号事件が起こりました。浦賀にやってきた外国船を砲撃し、退去させた事件です。

来航したのは広東にあるアメリカ貿易商社、オリファント商会の商船でした。マカオで保護されていた日本人漂流民七名を乗せ、その送還を大義名分に、通商交渉とプロテスタント宣教団によるキリスト教布教の機会を得るため、日本に来航したのです。

十八世紀の終わり頃から日本近海に来航するようになった外国船に対して、江戸幕府の対応はその時々で微妙に濃淡があります。当初は海岸に近づいた外国船を拿捕《だほ》・臨検の後に幕府の処断を仰ぐこととなっていました。それが難しくなってくると、幕府は外国船への補給をある程度認めたうえで穏便にお引き取り願う方針に転換します。ところが、十九世紀初頭には欧米の捕鯨船が頻繁に出没するようになり、各地で上陸した武装船員と各藩との小競り合いといった事件が起こります。

モリソン号事件の当時は、文政八年（一八二五）二月に発布された「異国船打払い令」のもとで、日本に近づく船は商船・軍船に関わらず無差別に砲撃して追い払うことになっていました。そこで、浦賀奉行の指揮によって沿岸から砲撃し、九州まで退去していったモリソン号に薩摩山川港でさらに砲撃を加え、日本人漂流民ともどもマカオに追い返したのです。

当時、民間には海外の情勢に関する情報を取って分析し、幕府に対して提言を出している人たちもいました。渡辺崋山や高野長英といった蘭学者です。二人は、紀州藩の儒学者、遠藤勝助が主宰する研究会に参加していた常連で、ここには幕府の吏僚《りりょう》も出入りしていました。現在で言えば、有名どころの学者が主宰し、民間研究者と閣僚に関係する政府官僚も参加する研究会のようなものです。政府官僚を通じて得た情報を受け、渡辺崋山と高野長英は幕府のモリソン号への対応を批判しました。世間に流布されたのは高野長英による『戊戌《ぼじゅつ》夢物語』でしたが、渡辺崋山は『慎機論』と『西洋事情答書《おこたえしょ》（外国事情書）』を著し、ことに『慎機論』の内容は厳しい幕府批判となったため、渡辺崋山は発表を控えます。ところが、この草稿が問題とされ、「蛮社《ばんしゃ》の獄《ごく》」という事件に至りました。蛮社は南蛮の「蛮」に社会の「社」。当時の西洋文明が「南蛮」ですから、南蛮のことを専門に研究していた人たちや、その集まりを獄に送ったということです。幕政批判という罪状で渡辺崋山は蟄居《ちっきょ》、高野長英は終身刑になりました。ちなみに長英は脱獄して、各地を転々と流浪することになります。

いつの時代も同じですが、偉い人に物事を提言するのは難しいものです。中国の古典に『韓《かん》非子《ぴし》』という書物があります。韓非は春秋戦国時代、秦の始皇帝の時代の人で、自分の著書の中で「王様というのはすごくセンシティブだから、提言の仕方を間違えると殺されますよ」ということを縷々《るる》述べています。その韓非子自身はというと、始皇帝に殺されてしまいました。政策提言ひとつするにも、言い方を間違えると殺されてしまったり、刑務所に送られたりするリスクを伴う時代があったのです。

今でも政策提言には、提言をして為政者の気分を害するとか、時期に合わないとか、提言の内容以外の色々な要素が付きまといます。同じことを言ったとしても採用される場合と不採用になる場合があるので、採用されるようにタイミングを見極める、内容の言い方を考えることも、政策提言をする側の能力のひとつです。

では、幕府批判が投獄に至った当時の「異国船打払い令」は、日本の社会にとってどのような意味があったのでしょうか。学校の歴史教育では、鎖国をすることによって外国と三百年間にわたって戦争をしなかったとか、平和になったとか教えられます。実際にこれは、国内統治の必要性、つまり徳川幕府の存続のための施策です。

徳川幕府は、基本的に二つの政策で統治を行いました。ひとつは社会主義的な国内政策、もう一つは対外情報の独占です。

一つめの国内政策は、流通の制限です。映画やテレビドラマでおなじみの『水戸黄門』でも、各地を漫遊するときに関所を越えるシーンがよくでてきます。現代では隣の県に行くのに関所を越える必要はないのですが、江戸時代は藩と藩の間に関所が設けられていました。関所は各藩の国境で幕府が出入国の追跡・管理を行う機関となり、特に江戸への出入りは武器流入や情報の流出に厳しい監視が行われ、全国の大名を統制するための施設として機能しました。

関所制度がほぼ完成した一七〇〇年代に五十三か所＋α（補助的な脇関・裏関）まで増えた関所は、人やモノ、金、情報の流通を妨げます。つまり各地域で経済の発展が抑制されます。人流をはじめ、流通や情報伝達の抑制は、日本全体での経済成長力を著しく下げるのです。経済の発展が抑制されれば、政治のスピードも遅くなります。新興勢力が財源を得られない。つまり成長しないからです。徳川幕府の仕組みは、日本国内に新しい敵が出てこないようにする統治スタイルを取っていたので、三百年あまり続いたのです。

二つめの対外情報の独占は、長崎の出島で管理されました。貿易の窓口を制限すれば、オランダや中国大陸との貿易で入ってくる国際的な情報や、新しい技術に関する情報を徳川幕府が独占できます。情報の独占によって、日本全国の大名が治める各藩に対して、圧倒的な優位に立つことができるからです。このため、各藩がアメリカやイギリスなど、手近な海岸線に取り付いた外国船と勝手に情報交換をしたり、交易を開いたりすることが常態化すると、徳川幕府はとても困ってしまうのです。幕府の情報独占が解けてしまうからです。異国船打払い令を無理矢理定めた背景には、徳川幕府の統治システム維持という意図もあったのです。

徳川幕府が日本を完全に掌握する前、日本と外国との交易は、各地の大名にとって大きな収入源でした。江戸時代より前は、東南アジアまでが日本の商圏です。外国との新しい関係を開拓しようとした伊達政宗は、メキシコにまで使節を送っています。この使節は、さらにメキシコの宗主国スペイン、次いでローマを訪れ、スペイン国王やローマ教皇との接触を果たしました。

もっと言えば、戦国時代は各大名が海外との交易で力を付けていています。もっとも目立つのは織田信長がポルトガルなど南蛮の宣教師を保護し、西洋文化を好んで取り入れていったことです。このほかにも、十六世紀半ばに九州で一大版図を築いた大友氏が中国や南蛮との貿易で経済力を蓄えています。国際的な貿易、つまりグローバルな力は、日本国内の戦国時代の抜きがたい背景なのです。徳川幕府の長きにわたる統治機構を築いた初代将軍徳川家康も、豊臣秀吉の政権下で移封となった関東の自領に大陸との貿易拠点を作ろうと企図しています。当時の領国経営にとって、交易が重要だったことが分かります。

徳川幕府の支配が確立すると、最初に行った政策のひとつに外洋航行が可能な船の禁制があります。家康の最晩年、元和元年（一六一五）に徳川幕府は武家、朝廷、寺社に対して基本法規を定めました。武家に対する規範は『武家諸法度』として知られています。家康の死後も歴代将軍のもとで改正されますが、幕末まで影響したのは寛永十二年（一六三五）六月二十一日、第三代将軍徳川家光のときに加えられた「大船建造の禁」です。第二代将軍の秀忠が発し、家光の時代に確立しました。

古くからある日本独自の様式を持つ船を和船といい、江戸時代より前には海外との交易に耐える大型船もありました。徳川幕府は、西国大名の水軍力を抑えることを目的に、五百石積み以上の船の建造を禁止し、これ以降、江戸時代を通じて和船は国内の沿岸水運に特化していきます。

この禁制により、軍船だけでなく商船にも規制は及び、外洋航海ができる大型船は造られなくなりました。本来は大名の水軍力を削《そ》ぐという目的による規制が、実質的に鎖国政策の柱として機能した一例です。徳川幕府は、他藩の外洋船建造を禁じることで、貿易と、貿易を通じて入って来る情報を独占したのです。

江戸時代後期の外国船との関わりは、江戸時代初期に定められた禁制を揺さぶりました。嘉永六年（一八五三）の大型船建造の全面規制解除まで紆余曲折がありました。従来の支配体制を維持したい人たちにとっては、非常に困った状況だったのです。自分たちの権力を維持するためには、国内で各藩が勝手に貿易をするのは不都合ですし、外国の情報がどんどん入ってくるのは困ります。ところが、人やモノ、金、情報が入ってくることは、経済成長につながります。幕府に批判的な新興勢力や、生活が豊かになると嬉しい庶民にしてみれば、幕府が布《し》いている規制は迷惑です。実際に、江戸時代の経済は好景気やバブルのような活況を背景に、商品経済の発展がもとになって庶民の生活を潤したり、お伊勢参りなどの国内旅行ブームが起きたりした時代もあり、好況と幕府の規制による引き締めを繰り返しています。庶民にとっては、事あるごとに倹約だの我慢しろだのとうるさい江戸幕府が何百年も続くより、経済成長した方が楽しいし嬉しいのです。

現代も日本国内には、経済成長をあえてさせないようにするための政策がたくさんあります。大船建造が禁止された江戸時代、外国船に対応できる軍船が存在しなくなったように、規制には産業の発展を阻害するマイナスの効果があります。規制をかけたところには、人やモノ、金、情報が流れにくくなるからです。逆に言えば、潰したい産業があれば、規制を作って人・モノ・金・情報を流れ込みにくくすればよいのです。現代の典型例が農業です。考えつく限りの規制を布き、補助金漬けにするやり方で、その体制を維持したい人たちにとっては外国との貿易体制が整うと困るという点で江戸時代と同じです。こうした体制の維持は、新しい輸出産品を開発し、日本も外国との商売に乗り出せると思う人たちにとって、意味のないことです。

日本が開国したとき、農業は最先端のベンチャー産業でした。

農業というと、現在では守らなければならない存在のようなイメージで見られていますが、商売で儲けようという企業家精神に富んだ人たちが担っていた、当時の成長産業なのです。

たとえば、お茶というと静岡茶が有名です。江戸時代、静岡で作られるお茶は御用茶として幕府に献上されていましたが、お茶の栽培が大きく拡大したのは日本の開国以後、横浜港が開港してからのことです。静岡のお茶は、その多くが外国の貿易商社に販売される輸出産品を育てることによってできた商品作物でした。

このほか、養蚕《ようさん》もベンチャー産業です。養蚕は幕末に衰退の傾向が続きますが、安政六年（一八五九）の「横浜開港」と国際情勢によって、一気に躍進した産業です。当時、ヨーロッパで蚕の伝染病が流行り、日本産の生糸が世界に打って出る契機となったのです。明治初期の人たちは生糸の国際価格動向をにらみ、情報を集め、相場にもとづいて商売の判断をしていました。

貿易において、情報はとても重要です。政府による情報の独占がなくなり、企業家精神を持った人たちが情報を扱えば、欧米列強に比べて産業が後発の日本でも勝負していくことが可能だったのです。

立場の違いによって、新しい状況への評価は異なります。江戸時代末期の幕府のように、今日も明日も、変わらぬ日常が続けば事足れりという人たちは、実際には昨日より今日、今日より明日が衰退していっていることに気付かないものです。現代の「失われた三十年」も、そういう人たちによって作られてきました。

これからの日本経済は、減税や規制の廃止によって、もっと自由な形にしていくことが大事です。経済が発展することは、すなわち人、モノ、金、情報を集め、これらを活用する正しい判断のできる人材が表舞台に登場することです。色々な規制、何かを義務付ける細かなルールがたくさんあると、そうした人材はルールにがんじがらめにされて、活躍の舞台に上がることができないのです。

開かれた自由な社会、自由のもとでフェアな競争ができる社会、競争の結果として正当な報酬が得られる社会を目指すこと、言い換えれば人材が活躍しやすく、お金がより意味のあるものに使われやすい状況を作っていくことが、これからの日本経済にとって何より重要なことなのです。

国際貿易協定のハブ・日本、日本への投資が勝利の鍵

日本の貿易は、歴史上主に中国大陸とその周辺で行われてきました。戦国時代にはスペインやポルトガルを中心に西洋文化との出会いがありましたが、江戸時代以降の二百年あまりの間、対外交易は制限されています。

幕末になり、マシュー・ペリーが黒船艦隊を率いて来航し、バタバタ騒ぎの末に日本は日米修好通商条約を結びます。日本のバタバタはその後もまだまだ続きますが、この条約の批准書を交換するため、江戸幕府の軍艦、咸臨丸《かんりんまる》は日本の船として初めて太平洋を渡りました。

実は、ペリーの黒船艦隊は、アメリカ東海岸のノーフォークから大西洋を渡り、アフリカ大

陸沿いに喜望峰を回って、インド洋、南シナ海を経由し陸伝いに航海して日本にやって来ます。ペリーの来航時は、太平洋航路がまだ十分に整備されていなかったのです。

一八六〇年一月十九日、批准書を携えた遣米施設に随伴した咸臨丸は浦賀（品川）沖を出航し、翌一八六一年二月二十二日にアメリカ西海岸のサンフランシスコ港に入港します。咸臨丸に乗っていたのは、二十代の福澤諭吉、艦長の勝海舟、ティーンエイジャーの頃に遭難しアメリカで学んだジョン万次郎が通訳兼技術指導といった歴史上の有名人たちをはじめとする一行です。幕末の日本がアメリカとの貿易を始める頃、最前線にいた人たちです。太平洋に商用の定期航路が開かれるのは、このときよりさらに二十年近く後になってからのことでした。

それから百六十年あまり経った現在、太平洋をぐるりと囲む形で、ひとつの貿易協定ができました。環太平洋戦略的経済連携協定（ＴＰＰ）です。日本政府のホームページでは、環太平洋パートナーシップと表記されています。太平洋地域の自由貿易、自由投資に関するルールを決めましょうというものです。

元々はシンガポール・ニュージーランド・ブルネイ・チリの四か国が集まり、太平洋地域に高水準のルールを決めて貿易や投資を自由に行おうという話し合いをしていたことから出発しています。バラク・オバマ政権時代にアメリカや日本が後から加わりました。アメリカはドナルド・トランプ大統領のときに離脱し、二〇一八年十二月、日本、オーストラリア、ブルネイ、カナダ、チリ、マレーシア、メキシコ、ニュージーランド、ペルー、シンガポール、ベトナムの十一か国が参加して発足します。最近はイギリスが参加を検討しています。イギリスはＥＵから離脱しましたし、大英帝国時代の版図《はんと》だった太平洋の島が現在も海外領土として残っており、太平洋地域にも伝統的に関わりがあるのです。

自由貿易に関する国際協定には、これまでもＦＴＡ（自由貿易協定）やＥＰＡ（経済連携協定）といった枠組みがあります。ＴＰＰがそれらと異なるのは、まず多国間の協定だということです。アジアやアメリカには数か国が参加して締結する地域ＦＴＡもありますが、日本は伝統的に特定の国と二国間の交渉でＦＴＡやＥＰＡを締結することが多かったのです。これに対して、ＴＰＰは「みんなで決めたルール」です。この枠組みに入りたければ、どんな大国でもみんなで決めたルールを守ってくださいね、と言えるのです。交渉力の弱い国でも、みんなで集まれば大きな国との交渉ができるようになる仕組みです。

ＴＰＰの特徴は、例外なき関税撤廃を目指しており、最終的には加盟国間の関税を原則全面撤廃することで、本当に自由な貿易体制を作っていきましょうと謳っていることです。また、サービスや医療、雇用、投資などなど、交易に関わるすべてのルールと仕組みに統一された基準と仕組みを使いましょうとなっています。

実は、日本に住んでいると、こうした枠組みの必要性は実感しづらいものです。筆者は以前、東南アジアの人たちも含めた国際会議に出席したことがあります。マレーシアで行われた経済会議でしたが、そこでTPPに参加している地域の人たちの話を聞くと、「私たちの国にとっては、TPPはとても良い体制だ」と言っていました。なぜかというと、TPPによって先進国と同じようなルールを、他の国と一緒になってきちんと決めることができるので、彼らの国の役人たちの腐敗がなくなって素晴らしいというのです。

日本人から見れば当たり前のようなサービスや投資に関するルールでも、最近急速に経済成長している新興国は、政府の役人への賄賂や不合理な制度がまだまだ横行していたりするのです。それを「TPPに入るためには、そういうのは直していかなければいけませんよ」と言える、それがすごくいいよね！　という話を東南アジアの国の人たちはしているのです。彼らとしては、自分の国の改革をするのにもTPPは活用できるのです。

日本はすでに先進国ルールで商売をしてきたので、基本的にそうした国政改革のメリットは新興国側にあります。そして投資をされる側の新興国の改革によって、日本が投資するときも安心して商売ができます。さらに日本が投資して新興国で生産したものを日本で売りたいときに、関税がかからないという利点もあります。

自由貿易のメリットは、それぞれの国の特色を生かした産業で商売ができることです。各国ごとに気候や土地の違い、歴史や国民性の違いなど、多様な特色があります。このため、国ごとに得意なこと、不得意なことが違います。そこで、その国の得意なことに投資をして、得意なことをやってもらいましょう、それが一番みんなハッピーになれますね、ということなのです。不得意な人たちが不得意なことをすれば、良いものはできないし、生産性も上がらないから豊かにならない、これはみんなの不幸です。それなら、みんなでルールを決めて、それぞれが得意なことをして交換すればよいのです。

とはいっても、無償の善意のお友達関係や慈善事業ではなく商売です。投資は利益を上げるためのものですから、不合理な制度によって突然投資先の設備が接収されて利益が得られないリスクがあるものに進んで投資することはあり得ません。一方で不正な労働環境で利益だけ追求してもいけません。そこで、「交易にまつわる投資や労働、金融など色々なルールを整備してもらって、きちんとお付き合いをしましょう」というのがＴＰＰの主旨です。

日本の中にも、日本の産業が駄目になると勘違いしている人が多いのですが、日本人が市場の成長著しい新興国の人たちと取引したり、新興国の成長産業に投資したりする際に、安心して商売ができる環境づくりなのです。特に先進国がライセンスフィーを安定的に確保するための知的財産権の保護などは、ＴＰＰにおいて重要な論題でした。

ＴＰＰとは別に、アジアでは二〇二〇年十一月、ＲＣＥＰ（Regional Comprehensive Economic Partnership：地域的な包括的経済連携協定）という仕組みもできています。これはＡＳＥＡＮ（東南アジア諸国連合）十か国と日本、中国、韓国、オーストラリア、ニュージーランドが参加しています。アメリカがＴＰＰから離脱したことで、加盟国人口・ＧＤＰの面でＲＣＥＰの方が大きな規模となりました。

ＴＰＰとＲＣＥＰの大きな違いは、ＲＣＥＰが事実上、中国を中心とした協定となっていることです。このため、腐敗や取引に対する政府の干渉などに対して、有効性はあまり高くないのです。たとえば、最近はその中国がＴＰＰへの参加検討を匂わせていますが、ＴＰＰに参加するなら中国は国営企業の改革を要求されます。各国の民間企業の間で公平な競争ができなくなるからです。他方、ＲＣＥＰでは中国が中心ですから、政府の不合理な力が自由貿易に干渉するような仕組みがある程度維持されてしまいます。彼らにしてみれば、やらないよりはマシぐらいのもので、「先進国で運用している水準のみんなで決めたルールをどこまで守れますか？」という前提のＴＰＰとは本質的な枠組みの違いがあるのです。

ＲＣＥＰに加盟した地域は、中国の巨大な市場と生産力に席巻されて中国中心の経済圏になってしまうというような懸念も聞かれますが、これは考え方次第です。中国とその他のＲＣＥＰ加盟国の間で関税がなくなっていくと、中国以外の国に工場を立地し、中国に物を売ることも可能だからです。必ずしも中国による輸出に有利なものではなく、むしろ中国の周辺国が中国市場に輸出することで経済発展するといった新しい側面もあるのです。

ＴＰＰやＲＣＥＰの話となると、日本国内では何かと「亡国論」が一部で流行ることがあります。ルールを守って、ビジネス上の競争をしている人にとっては、商機も利益も期待できます。政府の機関、政府の規制や補助金によって守られた緩めの競争をしている人たちにとっては、こうした自由貿易協定は少し困った話なのかも知れません。誰の視点で見るかによって、利益や不利益の捉え方は異なるものです。

海外に出て行って、そこで日本の国益を増進するために頑張ろう、という人にとっては、ＴＰＰは非常にありがたい枠組みです。日本企業が日本国内と同じように信頼できる国際的なビジネス環境ができることは、日本人が国際競争の舞台で活躍する、これからの日本を担っていく人たちには、ビジネス上願ってもないことです。

補助金行政が蔓延《はびこ》っているように見えても、若い人たちにとっては、日本はやはり自由貿易・

自由投資で成り立っている国です。むしろ、日本の凄さは、国際的な貿易協定で勝つか負けるかという話とは違うところにあります。TPPや日欧EPA、事実上のアメリカとのFTA、RCEPまで含めて、ありとあらゆる経済連携協定にすべて加盟している国は、日本しかないのです。だから、日本はこうした自由貿易や経済連携協定のハブになる国なのです。各国に網の目のように張り巡らされた協定の中心で、色々な国々の得意なことを取引する結節点、世界経済という車輪の要です。だから「日本に投資をすると、どの国にとっても有利になる」、これが日本の凄さです。

こうした条件を最大限に活かし、日本人が自由な貿易や投資の中で生きる良い環境が、現在の日本には用意されているのです。だから発想を切り替え、無駄な規制や税金を整理して、攻めの姿勢で利益を最大化することによって国が強くなり、ビジネスが元気になって国民が豊かになった方が、みんなが幸せになれるのです。

世界の未来に貢献する、知的財産と特許の権利

財産権が人権の原則として出発し、近現代の憲法解釈で社会との関係が位置付けられてきた

のに対して、もうひとつ現代的な発展の過程にあり、近年ますます重要性を増している知的財産権という権利があります。

知的財産権は、「人の知的創造活動により生み出されたものに関する権利」と説明されます。一般的に身近で、すぐに思い浮かぶのは書籍や楽曲、絵画など創作物とその著作権ですが、これらは知的財産の大きな枠組みのうちの一部です。

知的財産権は、大きく三つの種類に分かれます。一つが著作権、もう一つは産業財産権と呼ばれるもの、三つ目の枠には農作物などの新品種を開発した人の権利も含まれます。

このうち、企業活動に深く関わっているのが産業財産権です。発明や発見、アイディア、それらに基づいて開発された新しい技術や製品などについて、発明者や開発者、または企業に一定期間独占権を認めるものです。

創作物の著作権は、創作された瞬間に自動的に成立するのが国際的なルールとなっています。一方、産業財産権には特許や実用新案、意匠、商標が含まれ、いずれも申請と審査を経て登録されることによって発生する権利です（一部地域では発明と同時に権利が発生します）。

明治時代から大正時代にかけて、海外から新しいものが次々と入ってきた日本では、色々な発明品が生まれました。日本三大発明品と言われるのが、二股ソケット、ゴム底足袋《たび》、亀の子たわしです。二股ソケットは松下電器（現・パナソニック）の松下幸之助氏による発明です。ゴム底足袋は、日本にゴムが輸入されるようになった明治時代に登場したゴム底の地下足袋《じかたび》を改良し、足袋に縫い付けなくてもゴム底が剥がれないようにしたものです。石橋徳次郎・正二郎兄弟の考案により開発されたもので、石橋正二郎は後のブリヂストンの創業者です。亀の子たわしは西尾正左衛門の発明品で、亀の子束子《たわし》西尾商店は現在まで続いている老舗となっています。

この三大発明品は、いずれも明治時代から大正時代にかけて開発されたもので、当時の特許や実用新案を申請し、登録されていました。

日本の特許制度は、明治十八年（一八八五）の専売特許条例から始まります。条例を起草したのは、後に大蔵大臣や総理大臣を歴任することとなる高橋是清です。日本の制度は欧米を参考に作られました。欧米の特許制度の基礎となったのが、一六二四年に成立したイギリスの専売条例（Statute of Monopolies）です。この条例は、十八世紀半ばから始まるイギリスの産業革命に大いに寄与したと言われています。

特許制度は、新たな発明や発見にもとづく有用な技術を公開した際、一定期間の独占権を与えることによって発明者や技術を保有する企業を保護する仕組みです。多くの資金や労力をかけて開発した技術が盗まれたり、無断で模倣されたりすれば、せっかく新しい発明や発見で得られるはずの利益が失われてしまいます。そのようなことが横行すれば、誰も新しいことを試さなくなってしまいます。知的財産権にもとづく特許や実用新案などの仕組みは、企業がビジネスを行ううえでも、社会の発展のためにも、とても重要なものなのです。

現在、この特許制度は重要性がますます増大しています。経済のグローバル化にともない、先進国と後発国がひとつの製品作りで協力することが増えてきました。先進国は製品の競争力を高めるためにコストを下げ、より安価に市場に供給しようと考えます。そこで、元々先進国にあった製造工場を他の国に移転し、先進国では開発を担い、その他の国々が製造を引き受ける形がビジネスの基本となっています。

二〇二一年現在、新型コロナウイルス感染症が世界的に流行している環境下で、各国政府が海外との人の往来を制限する対策を続けてきました。少し遡れば、平成二十三年（二〇一一）の東日本大震災では広範囲にわたるインフラへの被害で物流や人流が途絶した経験もあり、サプライチェーンの国内回帰を含めた体制強化は近年の政策的な重要課題となってきました。ただ、すべてを先進国に戻すことは難しいため、ある程度信頼のおける同盟国間での協働を基礎に、大規模災害や国際情勢に左右されない事業環境の構築が進められています。

こうした国際的な分業が進んでいく中で重要なのが、知的財産権です。莫大なコストをかけて開発したものが、労働力の安い国で勝手に作られ、製品が安価に供給されてしまえばビジネスとして成り立たないからです。日本は「ものづくり」に対するこだわりの深い国ではありますが、国際的なビジネスの現場では、先進国として特許や知財に関して積極的にルールを作っていく側に立っているのです。これを支える仕組みがTPPです。

アジア太平洋地域は、世界の中でも経済成長の著しい地域です。この地域の国々は、夜を日に継ぐように発展を続けています。日毎に製造力も向上し、これまでは技術的な問題などで模倣できなかったものでも簡単に模倣できる力を付けているということです。先進国から工場を移転し、技術指導を行って製品を作ってもらうことを続けてきた成果でもあります。そこで、アジア太平洋地域の各国に先進国が安全に工場を移し、自分たちが開発した技術や高度なサービスなどに対して、移転先の国から知的財産への対価をきちんと受け取ることのできる体制が必要となりました。TPPは原加盟国のシンガポールやニュージーランド、チリ、ブルネイが始めたものですが、後にアメリカや日本が参加することになった際、投資や自由貿易のルール以上に知的財産権のルール整備がとても重視されたのは、このためだったのです。

それぞれの国が得意なものを生産し、交易を通じて互いに利益を得るという国際分業は、製品を作るための技術やアイディアと実際の製品の製造を分担して利益を上げるという形に変わってきています。これは今に始まったことではなく、何年も前から指摘され、ここ数年でその傾向が加速していることです。国連貿易開発会議（UNCTAD）のデータでは、知的財産権等使用料（特許使用料）の国別収支を見ると、二〇一九年時点で日本は世界第二位です。ダントツ一位がアメリカですから、日米の二国にとって、知的財産権が守られ、世界各国からライセンスフィーがきちんと払われるようになると、メリットが多いのです［※1］。

日本国内にも、知的財産権や特許は企業の独占だから技術や社会の発展を妨げるとして、「すべて開放するべきだ」と批判する人たちがいます。それはそれで、ひとつの理屈ではありますが、現実には知的財産権は強化される方向性で進んでいます。新しいものを開発したり、それに投資したりすることで便益を得ることができる体制を作った方が、社会の発展に寄与するのではないかという流れの方が強くなっているのです。少し冷静に考えれば、当然です。経済の発展は、人間の利己心が大きな原動力となっているからです。これは潮の満ち引きや天候の変化のような自然の摂理に近い法則です。それならば、人間の利己心に根差したうえで、社会の発展との整合性を付けていくことが大事なのです。

「利己心」というと道徳的な観点から批判したり、すべてを平等にした方がよいとか、すべて開放して公共のものとするのがよいと言われたりするのも、よくある議論です。かつて共産主義の理想を掲げて、地球上の半分の人々を不幸に叩き落とした壮大な社会実験の大失敗がありましたが、それと同じように、人間の本質に反する前提に立てば、結果はおよそ理想とはかけ離れたものになってしまうのです。

「利己心はけしからん」と取り締まるのではなく、利己心は人間の本質なのだから、それをうまく社会のために使えるような仕組みを作る、そのひとつが知的財産権です。クリエイティブな成果を評価し、公開して社会と共有するときに成果の独占権を認め、他の使用者から対価を得てよい。とても健全です。

一緒にビジネスを行う後発の国々には、知的財産権の管理が整備されていないことが多々あります。この一番の問題国家が中華人民共和国でした。一般に「米中対立」と呼ばれているものの大元は、知的財産の保護です。これはトランプ政権であっても、二〇二一年に発足したバイデン政権でも同じです。簡単にいえば、「中国はきちんとライセンスフィーを払いなさい」と徹底することを求めています。

さらに、国家安全保障に関わる重要技術に関しては、流出の問題があります。中国との関係でいえば日本でも顕著なのですが、企業に勤めている人をそのまま引き抜いてしまえば、技術を手に入れることができます。これをどのように防ぐのかが、とても重要な問題となっています。これも知的財産の取り扱いにまつわる大きな要素です。

さらに、知的財産権は企業の経営戦略にも関わっています。何でも特許を取ればよいということではありません。特許を申請して認められれば、一定期間は独占的な権利と、それに伴う収入が得られます。ところが、特許を取る際には技術が公開されますから、ライバル企業や投機筋に開発の目的や意図、プロセスを悟られてしまうのです。

新しい技術は、既存の多くの技術を複合的に活用して開発されます。すると、特許を取った時点で技術開発の進捗状況や最終的に必要となる技術を予測され、重要な技術を他の企業が先回りして押さえてしまう、待ち伏せのようなことも起こります。開発している側からすれば、苦労して開発してきて、最後の最後で莫大な使用料を他の企業に払わなければならなくなるのですが、技術を押さえている企業にとっては大きな収入です。あるいは、他社が特許を持っている技術を知らずに使ってしまったような場合には、特許権を持つ企業は補償金請求を行うことができますから、その仕組みを利用してライバル企業に罠を仕掛けることもできます。

そこで開発企業にとっては、あえて特許を申請せず、自社の内部で開発を秘密にしておくことも、経営戦略のひとつとなります。今や企業の収益を上げていくために、特許戦略は必須の要素なのです。

こうした知的財産権や特許権を守る仕組みを健全に運用するのは、政府の仕事です。ところが最近は、少し怪しい動きもあります。

二〇二一年現在、特許に関することで大きな話題となっているのが新型コロナウイルス感染症のワクチンです。先進各国で接種が進み、経済活動が急速に回復し始めている一方、発展途上国への普及には支援が必要な状況となっています。いち早くワクチンを開発した中国は、強力な外交ツールとして利用することで、国際社会に存在感を示しました。

こうした中、新興国や途上国からワクチンの国内製造により接種と普及を急ぎたいという声が出ていて、WTO（世界貿易機関）に対し先進国の製薬企業が持つワクチン特許権の一時放棄を強く要望したのです。

二〇二一年五月五日、アメリカのバイデン大統領は、WTOによる提案を受けて特許権放棄を支持すると表明し、これに医薬品業界が猛反発しました。

製薬会社の特許権を一時停止すれば、世界各国でもっとワクチンをたくさん作ることができるかも知れません。途上国へ安価に供給することも可能でしょう。「世界的なパンデミックを終わらせよう」という大義名分があり、一見すると世界のために貢献するようですが、ここで一度立ち止まって考える必要があります。

製薬メーカーは、事業として大きな利益を生み出すと思うから巨額の投資を行い、ワクチンの開発をしています。そして事業の成功が社会貢献となり、世界に恩恵を与えています。

特にコロナワクチンでは、長く研究されてきた新しい技術が使われているものもあります。それが、特許権を一時的であっても停止され、誰でも作れるようになってしまうのです。

企業活動の成果に対する権利が外国や政府の都合で取り上げられてしまうなら、今後、誰もワクチンの開発などしようとは思わなくなってしまいます。

今回、アメリカ政府はワクチン開発に巨額の税金を投入しました。アメリカ連邦議会予算局（CBO）の報告では、二〇二一年三月時点での拠出額は一九二億八三〇〇万ドルとなっています。CBOの報告書には、製薬会社ごとの予算投入額も公表されています［※2］。

それだけの税金が投入されているのだから、ワクチンを広く使えるように特許権を放棄せよ、という理屈はある程度成り立つのかも知れません。それならば、最初から「公的資金を大きく入れるので、特許権は放棄してください」という話でなければいけないし、後から騙し討ちのように権利放棄の話を決めるのはおかしいのです。最初からそういう話だったら、一年足らずでワクチンを開発・実用化するなどというスピードも実現しなかったでしょうけれども。

この問題をめぐっては、特許権を放棄した場合のバイオ技術流出を防ぐ対応策、原材料の不足や各国間での調達競合など、多くの問題も指摘されています。仮に今回、特許権を放棄させて世界中でワクチンが普及しても、「良かったね」では済まないのです。再び世界経済に大きな影響を与えるウイルスが流行した際、特許権放棄の前例があることによって、製薬会社が政府の要請に取り組んでくれるとは限らなくなってしまうからです。

先々を見据えた場合、人間の本質を土台として、知的財産権を守るという姿勢を揺るがせにしないことが大切です。日本はコロナワクチンの開発では他国に遅れをとってしまいましたが、日米政府が協力して知的財産権保護を打ち出していくことは、感染症に翻弄される世界に対してできる、未来を見据えた大きな貢献となるのです。

高度人材活用——外国人人材の誤解を解く

国際的なビジネスや投資の環境が整うと、日本には色々な目的で外国人がやって来ます。日本で活躍する外国人といえば、すぐに思いつくのはテレビに出演しているタレントさんや芸人さん、野球やサッカーなどのスポーツで活躍する外国人選手でしょうか。

日本の国技である相撲の世界でも外国人力士の活躍は目覚ましく、近年ではモンゴル人力士をはじめ外国人力士から番付最高位の横綱も輩出されるようになっていますが、実は五十年ほど前までは外国人力士というのは本当に珍しかったのです。

昭和四十七年（一九七二）七月十六日、大相撲名古屋場所で初めて外国人力士として幕内優勝したのが高見山《たかみやま》です。旧名をジェシー・クハウルアというハワイ出身の力士で、後に日本国籍を取得して東関《あずまぜき》部屋を開き、後進を育成しました。筆者が子供の頃に活躍した力士でよく覚えているのは、曙《あけぼの》関です。曙もハワイ出身で、スカウトされて東関部屋に入門、初めて外国人力士として横綱となりました。とても体の大きな力士で、歴代の横綱の中でももっとも巨漢です。強烈な突っ張りで突っ込んでいく曙関に、体の小さな日本人力士がどう戦うのか、子供心に毎回面白く観た記憶があります。

それ以来、多くの外国人力士の活躍や、その強さがファンを喜ばせるとともに、日本人力士も彼らに刺激を受けてますます相撲が面白くなっていくという、純粋に力と技で勝負する世界ならではの盛り上がりとなっています。外国人にも相撲ファンは多く、伝統を守りながら日本人だけではなく多くの国の人たちが参加し、一緒になって盛り上げてきた相撲の歴史は、日本人の柔軟な姿勢を示している競技だと言えるのかも知れません。

実力勝負の世界で外国の優れた人材を受け入れることは、相撲の世界だけではなくビジネスや学問研究の世界にも広がっています。近年、専門的な技術や知識を持つ外国籍の人々は高度人材と呼ばれ、政府の出入国在留管理でも受け入れを促進する施策を行っています。外国から優秀な人たちに来てもらい、日本に定着してもらって新しい産業を作ったり学問研究を行ったりしてもらおうということです。

自由主義の国は、国民に居住や移転の自由を保障し、各国間での自由な往来があります。各国の国境管理は、各国が独立と主権にもとづいて自由に規律することを認められている国際法上の原則です。日本にやって来る外国人、外国へ行く日本人ともに、本国と渡航先の国の決まりに従ってお互いの国を行き来しています。

日本で出入国管理業務を行っているのは、法務省の外局である出入国在留管理庁です。

高度人材の判定には、一定の基準に従ったポイント制が利用されています。学歴や職歴、年収などでポイントが付与され、一定のポイントを越えると通常よりも在留期間を長くしたり永住許可の要件を緩和したりといった優遇措置を設けています。

そうは言っても、これは出入国管理行政上の基準であって、外国から優秀な人材に来てもらおうという呼び込みにはなりません。ポイントの高い人に来てほしいと思っても、それだけでは人材は集まってこないし、人間が母国を離れて移動する動機は別のところにあります。現在でも、経済状況や事業のしやすい環境かどうか、規制や複雑で重い税制が壁になっている問題は指摘されていますが、何よりもまず日本に来た後の生きやすさです。

これは日本にやって来る外国の人たちの身になって考えてみると分かります。たとえば、私たちがまったくの異国の地に住んだとしましょう。食文化や生活習慣の違いはすぐに思いつくことですが、何よりも一番不安なのは、病気になったときのことです。

現地で病気になり、現地の医療機関を受診しなければならなくなったとき、現地の医者に現地の言語で自分の病状を説明することはなかなか難しいものです。英語が通じればまだしも、それも難しい環境であったら、仮に給料が高くても現地に住みたいと思うかどうか。

日本の今の医療環境は、外国人にとってこうした状況にあります。外国の医科大学や医学部を卒業した人が日本の医師免許を取得するための制度はもちろんあります。順天堂大学のように「国際医療人養成プログラム」を設け、日本国内の医療ニーズに対応できる外国人医師の日本の医師免許取得支援や、逆に国際的な共同研究に対応できる日本人医師の育成を行っている教育機関もあります［※3］。

厚生労働省が行っている審査では日本語能力も審査要件となっており、日本の医師免許を取る外国人は、日本人を診療するものだという前提です。

そうした取り組み以外にも、できることがあります。日本の医療が高い水準にあることは外国でも知られている事実ですが、それと受診者の不安は別です。現地の医師しかおらず現地語しか通じないことを、自身の身に引きつけて考えれば分かります。規制緩和のひとつの要件として、外国人の医師が外国の人に向けて医療サービスを提供するなど細かな工夫の余地があるのです。工夫を阻害しているのが業界を守るための規制である場合は特に、細かなことひとつひとつに目配りして環境を整えることなしに、優れた人材は日本に入って来ないのです。

その前提として、なぜ外国人の人材を受け入れなくてはいけないのかと思う人もいるでしょう。外国人人材の受け入れに対する日本人の一般的なイメージは、少し時代遅れなところがあります。「外国人を受け入れ＝単純労働者として受け入れ」というイメージです。給料の高い仕事には日本人が就き、言葉の問題がある（であろう）外国人は単純労働者という固定観念です。いわゆるホワイトカラーとブルーカラーのイメージです。

今は異なるスタイルが主流となっています。たとえば、アメリカのシリコンバレーでは、本当に付加価値の高い商品やサービスを作っている人たちは、実は外国の人材です。ところが優れた技術者がいるからといって、それだけでサービスや産業が成り立つわけではありません。

そこで彼らを支えるホワイトカラーの人たちが必要となるのです。具体的には、法務や広報などの分野で、国や地域によってローカルな慣習や運用のある部分です。シリコンバレーでは、この部分をアメリカ人が担います。

誤解を恐れずに分かりやすく言えば、高度人材を活用するのは鵜匠《うしょう》のようなものです。魚を上手に獲ってきてくれるような鵜を雇い、環境を整えて働いてもらう。その手綱を握るのが有権者である国民です。高度人材に高い給料を払ったとしても、良いサービスを作り、全世界に通用するビジネスを起こしてもらうのですから、彼らを支える良い環境やサービスを国民が提供し、ビジネスが生み出す富や雇用を享受するという、ある種の割り切りもあります。その一方で、シリコンバレーの例に見るように、日本国民にしかできない仕事というのもあるのです。

これは同時に、日本国内でも雇用やビジネスの慣習に変化をもたらすことが考えられます。年功序列や年次で評価する給与体系から、仕事に応じた正当な給料が払われるジョブ型雇用への変化です。求められている分野で必要とされるサービスが提供できるのかが重要であって、その組織に何年いるのかに関係なく若手の優秀な人材には、どんどん仕事に見合う給料を支払っていくのは当たり前のことなのです。

従来の企業では、会社が何十年もかけて社員を育てることが行われてきました。ジョブ型雇用に対して、メンバーシップ雇用と呼ばれることもあります。ビジネス環境や経済状況の変化が激しい現代は、より個々人の利益を求めて社員が離職することも当たり前となり、従来型の社員育成は企業にとって投資リスクです。その点、ジョブ型雇用は明確な職務内容や責任範囲に対応した人を雇い、仕事に応じた給料を支払う契約関係です。

日本で外国人人材の話題となる場合、よく取り上げられるのは高齢化にともなう生産年齢人口の減少です。生産年齢人口は、ＯＥＣＤの定義では十五歳から六十四歳の人口とされています。産業や社会保障を支える労働力の中心となる年齢層のことです。労働力が足りないから外国人移民を入れるという文脈で言われることが多いのですが、これも単純労働者を輸入しようという延長にある考え方です。

これまで単純労働者が担ってきた仕事は、機械化やＩＴ化で補うことが可能な時代となっています。他方、世界に通用するような非常に付加価値の高い仕事ができる人も限られています。誰もがスティーブ・ジョブズになれるわけではないのですから、ジョブ型雇用で本当に才能のある人に頑張ってもらって、周囲の普通の人たちは彼らの仕事の成果をみんなでシェアするのが合理的です。

そうした付加価値の高い仕事をしてもらえる人に、どうやって日本で働いてもらうのか。そういう人たちをどのようにうまく活用していくのか。これは、新しいビジネスなのです。

このビジネスは、受け入れる国の治安や法制度がどれくらい優れているのかに深く関係しています。日本は治安も良く、近代的な法制度が歴史背景をもって確立しています。日本人はこの新たなビジネスで非常に有利な環境をすでに持っているのです。

高度人材の受け入れを行うと、日本人が外国人に負けてしまうような不安を感じる人もいることは確かです。でも、ちょっと考えてみてください。優秀な人材に働きやすい環境で活躍してもらうことは、相撲やサッカーで外国人の力士や選手が活躍するスタイルと同じです。そうした環境で日本人も刺激を受け、一緒に産業やビジネスを盛り上げていくことで、日本人もまた国際社会と伍して戦う力を養い、ビジネス全体が元気になるのです。

国が乗っ取られると怖がる人たちもいますが、そんな心配はありません。日本の有権者数はおよそ一億人です。投票率で見ても四～五千万人が投票権を行使しています。ごく範囲を限定された高度人材の受け入れで、その数が引っくり返せるものではありません。

外国人に国を乗っ取られるのではないかという恐怖に支配されるよりも、どうやって優秀な外国人人材を活用していくのか、より有効な制度をどのように作っていくのかをみんなで考える方が、頭の使い方としても正しいし、前向きで健全です。

そして、大勢の日本人もビジネスでどんどん成功していきましょう。

※1　GLOBAL NOTE　世界の知的財産権等使用料収支（収支尻）国別ランキング・推移
https://www.globalnote.jp/post-7835.html

※2　Congressional Budget Office　Research and Development in the Pharmaceutical Industry（April 2021）
https://www.cbo.gov/publication/57126

※3　順天堂大学　日本の医師免許取得を目指す海外の医師を支援する「国際医療人養成プログラム」の意義
https://www.juntendo.ac.jp/co-core/education/internationalprog.html

第六章

自由な社会を元気にする

統制？　放任？　インターネットの表現の自由を考える！

国や社会の自由度を表す指標としてポピュラーなものに、言論や表現の自由があります。日本の周辺でも中国や北朝鮮など、言論統制されていると一般によく知られている国々もあります。

二〇〇八年、言論や表現の自由と不可分の報道の自由のために活動するNGO国境なき記者団は、同じく国際的に活動する世界最大の人権NGOアムネスティ・インターナショナルとともに、「世界反サイバー検閲デー」を制定しました。インターネットの普及により、人々の発言の場はサイバー空間に広がっています。中国や中東諸国では、こうしたインターネット上に流れる発言を検閲していることで知られています。「世界反サイバー検閲デー」は言論の統制に反対し、そうした検閲を行っている国や企業に対して、検閲中止の要請が行われる日です。

言論の自由は、人々が自由に主義主張を交わすことを守る考え方です。民主主義や自由主義の基本となっているのが言論の自由です。政府批判や政策議論、歴史などについて、発言や情報発信をしたことが原因で政府から罰せられてしまえば、民主主義は機能しなくなってしまいます。

「世界反サイバー検閲デー」は、政府による検閲によってプラットフォームの閉鎖や配信停止にすることで、コンテンツを見られなくするようなことは「インターネットの敵」だと掲げています。「インターネットの敵」に該当する国や企業のリストには、中国や北朝鮮、ロシア、イラン、シリア、サウジアラビア、インド、ベトナム、キューバなどの国々が挙げられています。

特に中国共産党政府が運用するインターネット検閲システム「グレート・ファイアウォール」は、アメリカを中心に批判的な報道で目にすることも多いものです。ファイアウォールというのは、情報セキュリティに関する技術です。本来は企業などの内部ネットワークを外部の不正アクセスから保護するためのもので、火災などから建物を防御する「防火壁」に由来します。これに、かつて中国の王朝が築いたグレートウォール（万里の長城）をかけた通称からは、中国がインターネット上に巨大な壁を築き、望ましくない情報を遮断したり海外のウェブサイトを見られなくすることで、厳しい言論統制が敷かれていることが伺えます。

中国ではインターネット上の言論も監視されています。政府が公認したSNSでは、定期的にチェックが行われて望ましくない言葉は削除するように指導されます。たとえば「民主化」や「くまのプーさん」、「天安門事件」といった言葉がNGワードとなっているのも有名です。システムによる情報遮断だけではなく、プラットフォームの運営企業が雇う監視員による人力での監視が行われていることも分かっています。二〇一七年には、中国版ツイッターとして知られている「微博（ウェイボー）」がユーザーから監視員一千人を募集すると報道されました［※1］。

グレート・ファイアウォールは、中国共産党が一九九三年に計画した国家政策です。運用が始まったのは一九九九年、本格的に稼働したのが二〇〇三年です。中国は、世界中でインターネットが一般へ普及するのと歩調を合わせて、検閲システムの開発を行っていることが分かります。中国共産党政府にとって、言論の自由があまりに広がると政治体制を脅かす可能性があることが開発理由のひとつですが、もうひとつ、巨大な国内市場を活かして微博や微信（ウィーチャット）などの国内IT企業を育てたいという産業保護政策的な意味合いもあります。

では、自由主義側はといえば、アメリカのグーグルやツイッター、フェイスブックなどが大きく成長しましたが、まったく政府から支援を受けていないわけではありません。

アメリカでも、インターネットの黎明《れいめい》期だった一九九〇年代に米国通信品位法が作られました。通信品位法第二三〇条は、IT企業やSNSなどのサービスメディアの発展促進を謳い、特にSNSなどのプラットフォーム運営企業は投稿される情報や表現についての責任を免除されました。既存の出版社も様々な情報や言論が掲載されるという点は同様ですが、掲載した情報には責任を取らなければなりません。内容によっては、情報の対象となった人や団体から訴えられてしまうことがあります。

ところが、たとえばフェイスブックやツイッターに誰がどのような書き込みをしても、フェイスブック社やツイッター社は責任を負わなくてよいという、法律の例外規定ができたのです。

この免責が引き起こしたのは、フェイクニュースの氾濫です。誤った情報が溢れかえっていても、責任を取る人がいないからです。これが顕著に現れたのが二〇二〇年のアメリカ大統領選挙でした。「トランプ陣営が勝っているはずなのに、バイデン陣営が不正をして多数の票を獲得している」という趣旨の誤った情報が氾濫した結果、最終的には選挙結果に不満を持つ人たちがアメリカ連邦議会議事堂を襲撃する事件に至りました。

産業の保護育成という面で見れば、中国もアメリカも、自分たちのプラットフォームを使うように仕向けていると言えますが、表現や言論の自由から見れば、両者ともに問題があります。中国は、政府が載せてよいもの・見てはいけないものを決め、統制しています。これは明らかに問題です。アメリカは、それとは逆にプラットフォームビジネスを独占させることを意図して、免責特権を与えました。野放しにすることで歪《いびつ》な産業が育ったのです。

プラットフォームビジネスは出版や報道と同様に、言論や表現の自由のもと、編集権をもった運営者が情報の正誤について、責任をもって利用者に提供するのが本来の形です。まったくの虚偽情報が書き込まれ、他の人に悪影響を与えたのであれば、書き込んだユーザーだけでなくSNS事業者が訴訟の対象にならなければいけないのです。

日本は、アメリカと同じような形となっています。通称「プロバイダ責任制限法」と呼ばれる法律では、権利侵害や犯罪などユーザーによる違法な情報で損害賠償が発生した際、プロバイダが責任を取らなければならない場合の条件が列挙されています。何か事件があったとき、プロバイダの責任の有無から争わなければいけないし、情報そのものが法に触れない場合は各事業者の自主的な努力にのみ任されているのです。

連邦議会議事堂が襲撃されたことは、多くの自由主義国に衝撃を与えました。アメリカでは今後、現在のプラットフォーム企業に与えられている特権の見直しを行う議論が本格化していくと考えられます。

こうした議論は、アメリカやヨーロッパで進んでいます。アメリカ共和党からは、プラットフォーム企業も出版社のように編集権と責任を両方持たせることで、普通のメディアのようにしていくべきではないかという意見が出されています。ヨーロッパはまた別の議論を行っていて、これだけSNSが普及した現状でユーザーの書き込みを止めるのは難しいという前提に立っています。このため、民主的に選ばれた代表者によって審査をする仕組みや手続きを作り、監督しようという意見があります。日本でいうと、放送に対して視聴者などからの問題の指摘に対応し、審査を行う第三者機関のＢＰＯ（放送倫理・番組向上機構）のようなもののＳＮＳ版を作ってはどうかということです。

二〇二〇年現在、世界でのＳＮＳ普及率は五一％、ユーザー人口は三十九億六千万人です。ここまで広がってしまったＳＮＳやプラットフォーム、無責任な空間というものに対して、どのように再度責任を求めていくのかという枠組みは、今、世界の国々で議論されているところなのです。

表現の自由とのバランスにおいて、こうした議論を規制と捉えるのか、もしくは責任と権利が一体化した形に戻ると捉えるのか、色々な考え方があります。ただひとつ確かなのは、対象となっているのが、世界的に広がった大きなビジネスだということです。ＧＡＦＡと呼ばれるような、世界を席巻するほど大きくなったビジネスのあり方そのものを変えてしまうかも知れない議論が進んでいるのです。

筆者自身は、匿名のような形でみんなが情報発信をして、嘘でも何でも情報が流れるままにしておくよりは、情報を発信する人が権利と責任の両方を持つという当たり前のことを、もう一度取り戻していく方が大事だと考えています。

インターネットの発展と普及の歴史を振り返り、これからも続いていく過程にあると考えると、最終的には権利と責任の一体化した状態に戻っていくと考えています。なぜなら、現実は元々のリアルの世界に近づいていくものだからです。

リアルの世界からインターネットの世界に言論空間が移る過程で過渡的に広がったのがツイッターやフェイスブックなのであり、フェイクニュースが流れてもいいという捉え方は一時的な現象であって、誰もが当たり前にインターネットを介した生活が日常となれば、元々のリアルの世界に近い権利構造に落ち着いていくのでしょう。

現在、日本ではインターネットを介したいじめや誹謗《ひぼう》中傷が社会問題となっています。人の集まる商店の中で拡声器を使って陰口を叫んでいたら、お店の人に追い出されるのは当たり前です。こうした負の現象には、一定の社会的な罰則が必要な面もあります。

現在は、誰の名誉でも簡単に毀損できてしまう環境です。訴訟《そしょう》になっても、名誉毀損や誹謗中傷の被害に対する慰謝料の相場は十万円から五十万円と言われており、実際には訴訟を起こしづらいのです。権利と責任の一体化によって、そうした金額の相場を引き上げることや、現代に合わせた罰則規定の整備も議論されていくことが望ましいのではないでしょうか。

世界金融がひっくり返る日――ビットコインなどの暗号通貨

現代は世界中の経済がつながり、二十四時間休むことなく、常にどこかで取引が行われています。経済と金融は不可分のもので、金融は人の身体にたとえれば血液のようなものです。

今と同様の近代的な金融機関、銀行が日本に最初にできたのは、明治六年（一八七三）六月十一日のことでした。これが第一国立銀行です。後の第一勧業銀行、現在のみずほ銀行です。国立銀行といっても、政府が運営するのではなく民間からの出資で作られた銀行です。国の法律によって建てられた銀行なので、「国立銀行」という名前が付きました。

二〇二一年のＮＨＫ大河ドラマ「青天を衝け」の主人公、渋沢栄一は、大蔵省で国立銀行を設立するための条例づくりの中心となりました。国立銀行のモデルとなったのは、アメリカのナショナル・バンクです。政府の中には、イングランド銀行のような中央銀行を作ろうという人もいて意見が対立しましたが、最後には国立銀行を設置する法律を作ろうということになったのです。

第一国立銀行は、条例にもとづいて一番目にできた銀行だから、第一国立銀行です。この後も設置順に番号を冠した名前が割り振られます。こうした銀行をナンバー銀行といい、現在でも七十七銀行など、その名残を残す銀行もあります。国立銀行は明治十二年（一八七九）年十二月までの六年半で、第百五十三国立銀行まで設立されました。

渋沢栄一は、「日本近代資本主義の父」と言われます。銀行などの金融関係だけでなく、日本の近代産業発展のため、ありとあらゆる分野の企業を作ることに尽力しています。

洋紙の製造、紡績、保険、海運、鉄道、織物、砂糖、ビール、ガラス、セメント、造船、化学肥料、ガス、電気などなど、多くの会社の設立を支援・指導し、経営を助けます。日本の経済、産業構造を支えてきた人なのです。おおよそ五百の会社設立に協力し、社会貢献としては六百ぐらいの社会事業に参画したと言われています。日本赤十字社や聖路加病院、東京慈恵会のほか、明治天皇の済世勅語にもとづいて創設された恩賜財団済生会などにも関わりました［※2］。

渋沢栄一は、事業を起こしたい人たちの相談をたくさん受けるような、今で言うと「ハブ」のような存在だったのです。同時に、官に頼らない自主独立の商工業の発展や、著書『論語と算盤《そろばん》』にあるように、お金を稼ぐにしても根本的なところには仁義や道徳がなければ長続きしないことを説いて、実業界の道徳、社会的地位の向上を目指しました。

『論語と算盤』の考え方は、現代にも通じます。現代はCSR（Corporate Social Responsibility：

企業の社会的責任）という言葉が一般的に使われていますが、海外から入ってきた考え方ではなく、明治以来の日本で近代資本主義の発展を民間で指導した渋沢はそうしたことを説いていました。

長続きするビジネスは、共通して信用を大切にしています。信用をないがしろにして、お金をただ増やすだけの拝金主義になったビジネスは短命です。人間同士の信頼関係や結びつきを社会関係資本と言い、これを土台に持つ商売は永続してお金を生み出します。この考え方に近い仕組みが、最近では金融の世界に新しい動きを生み出しています。

現在使われているお金は、法定通貨というものです。日本ならみなさんが普段使っている「円」で、二〇二四年に紙幣の図柄が四十年ぶりに変更されることになりましたが、先に紹介した渋沢栄一は現在の福澤諭吉に代わって一万円札の図柄に採用されました。法定通貨は、各国の政府が法律によって支払い手段として定めているお金のことです。紙幣を発行しているのは中央銀行の日本銀行、紙幣の単位未満の金額に使われる硬貨は政府が発行しています。国が正式な通貨だと法律で定めて、中央銀行が発行しているものだから安心して使ってくださいね、という政府が信用を保証しているお金のことです。

ところが最近は、世界各国で定めている法定通貨とは別に、新しいお金の世界ができ上がってきました。仮想通貨、あるいは暗号通貨（暗号資産）と呼ばれるお金です。代表的なものがビットコインで、最大の特徴は政府や中央銀行のような、現物を発行し信用を与える中央の管理者が不在なことです。

ビットコインの仕組みを簡単に説明すると、AさんからBさんにお金を渡す（取引）に対して、第三者による認証を電子的に行います。第三者というのは、このビットコインのネットワークに参加しているコンピュータで、取引が正しい要件を満たしているか、過去の取引との照合などの作業を行い、承認を行うことで国の信用がなくてもお金の取引ができる仕組みになっています。二〇一〇年二月には、ビットコインを法定通貨に交換できる取引所が初めて作られ、五月にはビットコインを使った現実の決済が初めて行われました。現在は、日本円やアメリカドル、人民元といった各国の法定通貨との競合が起きつつある状態です。

各国の政府や金融当局から見ると、ビットコインは少し厄介な存在です。法定通貨は、発行量を政府が調節できます。景気が過熱しているときには発行量を抑えたり、逆にデフレ不況になっているときには第二次安倍内閣から続いているような金融緩和で通貨の量を増やしたり、経済政策の手段のひとつとなっています。ビットコインのような、完結したシステムをみんなで支える仕組みは、政府の都合でお金の流通自体の規制や廃止ができないため、政府から見れば制御不能な存在に見えるのです。

経済や金融がすでに一定水準以上に発展した先進国にとっては、そのように見えるものでも、新興国や発展途上国ではまったく異なる見え方をします。

後発の国々には、自国の通貨が非常に弱く、経済や金融が不安定なところが多く存在しています。そうした国では、自国の通貨と外国の通貨が並行して流通していたり、あるいは自国が発行する通貨ではなく米ドルや人民元を公式に使ったりします。外国の通貨の方が安定しているからですが、自国の経済が他国の金融政策に左右されてしまうので、具合が悪いのです。すると、ビットコインのような、特定の機関によって直接支配されていない通貨を自国で使えるように認めることは、政府にとってひとつの選択肢になります。

また、日本人にはピンとこないことがもうひとつあります。日本で普通の生活をしていると、大抵の人は自分の銀行口座を持っています。時には小さな子供でも、親が子の名義で口座を作って、お年玉などを貯めておいてあげることもあるでしょう。発展途上国は、この前提自体が成り立たないことがあるのです。

世界銀行が二〇一一年に行った調査では、一日二ドル未満で暮らす成人の七五％以上が正規の金融機関を利用していないという結果があります［※3］。

世界百四十八か国、およそ十五万人を対象に行われた調査で、途上国で銀行口座を保有する人は男性で四六％、女性は三七％です。街中でＡＴＭを作ろうものなら、その瞬間に壊されて強奪されるような治安状況もあります。そういう国にとっては、現実のお金よりもビットコインの方が便利なのです。

また、自分の国に雇用がなかったり収入が得られなかったりして、他国に家族が出稼ぎに行っているケースも多々あります。母国に残してきた家族に稼いだお金を送るとき、海外送金には滞在国の政府や銀行の目が光っています。テロや犯罪の資金源にならないようにするためです。そして当然、母国にいる家族側も送金を受け取るための銀行口座を持っている必要がありますし、送金にも時間や高い手数料がかかります。

ビットコインはオープンなシステムです。最近は取引所の運営者に利用者の身元確認を義務付けるなどの規制が入り始めましたが、スマホさえ持てれば国境をまたいで家族に送金することも簡単にできるのです。そういう意味でいくと、暗号通貨は先進国ではなく、それ以外の国で一気に広がる可能性が出てきたのです。

二〇二一年六月、中央アメリカに位置するエルサルバドル共和国の議会がビットコインを法定通貨にする法案を成立させ、ブケレ大統領が発表して大きな話題となりました。これまでのエルサルバドルの法定通貨はアメリカドルで、ビットコインは任意で併用できることになったのです。

国と国の境目は、物理的な国境以外にも、こうした通貨の違いによる国境があります。そうした垣根を取り払って、簡単にお金のやりとりができるうえに、自国の通貨よりも安定していると思う人たちも大勢いるわけです。

ビットコインに代表される暗号通貨は、日本でたとえれば戦国時代に織田信長が行った楽市楽座のような仕組みです。公権力の介入なしに、誰もがそこでお金をやりとりをしたり、商売をすることができる場と決済のルール、その維持の仕組みなのだということです［※4］。

これがデジタルを通じて世界中に広がっているので、お金に国境がなくなったことで新しい資本主義が形作られていく可能性があります。エルサルバドルの決定は、国の作ったルールや規制ではなく、いってみれば平場のルールで運用されているところに国家経済を接続したもので、非常に画期的です。このため、エルサルバドルの決定に他の途上国や新興国が追随するか、大変な注目を集めているのです。

ビットコインは、まだまだ始まったばかりで、法定通貨との交換レートの値動きも非常に激しいものです。しかし、給与などの収入を得ることや色々な生活費がビットコインで完結するようになった場合、途上国や新興国のような他の先進国に通貨の支配権を握られていた世界をひっくり返すことができる可能性があります。今までの資本主義のルールそのものを大きく変えること、ビジネスが大きく変わることも考えられるのです。

日本国憲法、九条より大切な二十九条の話

最後に憲法の話をしましょう。憲法はその国の人たちが大事にしている考え方を示すものだからです。現在の日本国憲法は、昭和二十一年（一九四六）十一月三日に公布された憲法です。以来、七十五年間を通じて、改正が必要ではないかという議論が続けられてきました。憲法改正に関しては、「絶対に改正反対」という意見も多くあります。近年は日本の自衛隊が国際協力を行うため、また日本周辺の安全保障環境の変化によって、関心を持つ国民も増えてきています。

平成十八年（二〇〇六）九月に成立した第一次安倍晋三内閣は、憲法を改正する手続法の整備を行いました。第一次内閣終盤の平成十九年（二〇〇七）五月十四日に国会で成立した国民投票法です。

日本国憲法第九十六条では、憲法改正について規定を置いています。ところが、改正をする

ための手続きが決まっていませんでした。そこで国民投票法を整備し、これを受けて国会法も改正され、衆参両院に憲法審査会が設置されました。憲法改正に賛成であれ反対であれ、手続きが決まったことで審議が始まるという改正への第一歩が踏み出されます。政治家が憲法改正について言及することは時々ありますが、手続き法が整備されてから十年以上経過し、内容の審議をこれからやっていこうか、というのが現在の状況です。

日本国憲法は、憲法上の改正規定で厳しい要件を定めています。国会が国民に対して憲法改正を発議するのに、各議院で三分の二以上の賛成が必要です。さらに国会から提示された改正案に国民投票を行い、賛成票が投票総数の二分の一を超えると国民が改正を承認したことになるので、憲法改正の公布手続きが始まります。こうした厳しい要件を定めているのは、国民の合意が必要だという設計になっているからです。

ここで言う「憲法改正」は、憲法典の条文を変えるという意味なのですが、イギリスのように統一された憲法典を持たない国もあります。そうした国では、国家の根本に関わる法律や国家運営に関わる法律と、それらの運用の歴史的な積み重ねの体系を「憲法」と呼んでいます。イギリスの「Constitution」を日本語で表すなら、「憲法」と「国体」を両方含んだ意味がもっとも近いのです。

こうした国の場合は憲法と見なされる法条文も、他の法律の条文と同じ手続きで改正できます。ただし、条文以外のところに膨大な運用規律などの蓄積があって、それ自体も憲法なので、国の形や骨格の部分に関わる条文を簡単に変えることはできません。それと同様に、まとまった法典の形をとる各国の近代憲法の多くは、普通の法律よりも条文の改正に厳しい要件を定めています。

日本国憲法の改正論議は単純に条文をどうするかが主体で、とかく防衛についての第九条に注目されやすいものですが、ほとんど水掛け論のようになっています。それよりも、実は近代憲法として重要なのは第二十九条と第三十条です。

第二十九条　財産権は、これを侵してはならない。
②財産権の内容は、公共の福祉に適合するやうに、法律でこれを定める。
③私有財産は、正当な補償の下に、これを公共のために用ひることができる。
第三十条　国民は、法律の定めるところにより、納税の義務を負ふ。

日本国憲法の第二十九条は、財産権についてです。そして第三十条には納税の義務が書かれています。経済活動の根本と、国家運営の根幹に関わる条文がこの二つです。たとえば、誰かが頑張ってビジネスをします。どんなに頑張っても、「あなたのその財産は、明日から全部没収です」と言われてしまったら、誰も真面目に商売をしません。経済活動の根本は、まずみんなの財産権が保障されていなければならない、ということです。

財産権は最初に人権という概念が出てきたときの、原則となった考え方です。公権力が私有財産に介入することは、人権侵害なのです。そこで、公共の福祉という目的がないと、私人の財産権を制限することはできないと定められています。

本書執筆時点の二〇二一年現在、新型コロナウイルス感染症の拡大抑止のため、色々な企業が営業を制限されています。営業の自由や財産権に対して、公権力が介入した最近の事例です。しかも、東京都は特定の企業を狙い撃ちにするように、休業命令や酒類販売の制限命令を出したため、運営企業から訴えられています。何となく「コロナだから仕方がないよね」と思う方もいるかも知れませんが、財産権の侵害に対して行政の行為に正当性はあるのかが問われる、憲法上の訴訟となっているのです。今後の政府や地方自治体の行政行為の方向性に関わるため、とても重要な問題です。

そしてもうひとつ、第三十条の納税の義務も、国民の生活に直接関わる重要な部分です。

納税の義務は、学校の公民などの授業でも「国民の三大義務」のひとつとして習います。あとのふたつは、勤労の権利と義務（第二十七条）と、自身の子供に普通教育を受けさせる義務（第二十六条二項）です。

勤労と教育は、権利と義務がセットになった条文です。ところが、納税は義務だけの条文となっています。そこで義務を定めるのであれば、納税者の権利も要求できなければおかしいのです。憲法改正の議論には、このことは必要なのではないかと思っています。

納税者の権利とは、納めた税金の使途を納税者が知ることです。税金が一円単位で何に使われているのか、国防などの機密に関わる部分は仕方がないにしても、それ以外の使途に関しては、すべて国民が閲覧できるようにするといったことも考えられます。

G7を構成する先進各国をはじめ、OECD加盟国の多くが「納税者権利憲章（Taxpayer Charter）」を制定しています。

納税者権利憲章は、税務署が徴税を行うときの手続きや、行政行為の適正さ、税務調査の際の納税者の権利、徴税をする側がやってはいけないことなどを定めたものです。日本でもすでに国会での質問主意書や資料で紹介されていますが、日本政府の見解は「ひとつにまとまった法律はないけれども、憲法や国税通則法といった法律で同等の権利はすでに保障されている」

というものです［※5］。

しかし、それでは弱いものと考えます。

こうした納税者の権利を憲法第三十条に入れようという議論をすることで、国家の背筋がビシッと通るようになります。日本経済の活性化という部分では、こうした法制議論は漢方薬のように効いてくるところです。

まず、納税者の権利がきちんと定められていること、その基礎である財産権の重要性が国民と行政の双方で共通認識となっていることが重要です。すると、そんなに簡単に国民の財産権を侵害してはいけない、もしも制限する必要のある場合には手続きを守り、政府が補償をしなければならないということが当たり前になり、国民と政府の関係が一本筋の通ったものになっていくのです。歳入から歳出までの流れが、納税者の権利を軸に明瞭になり、税金を取るときも使うときも、役所がいい加減なことをできなくなるからです。これが健全に経済発展していくための土台になります。特に問題もなく一生懸命商売をしているのに「今日からお前の店停止だ」などとは言われなくなりますし、税金を納めるときも複雑な税制の解釈をめぐって逮捕だ追徴だのといった騒ぎももっと手続きの根拠がはっきりするようになります。

流れが滞っている例をひとつ挙げると、消費税です。各種の税金の滞納で、もっとも多いのが消費税なのです。

中小の事業者は、資金繰りに苦労しながら税金を納めています。消費税は、事業者間の色々な取引にもかかってくる税金ですが、仕事を請けた事業者が仕入れなど経費分にかかった消費税分を相殺して、政府に収める仕組みになっています。大きな仕事を請けるほど消費税分の金額も大きくなって、下請けが自分の手元で保管することになります。

お金に色はついていないので、運転資金と一緒くたに保管されます。すると、経営が非常に苦しくなったとき、不渡りを出さないため、事業を続けるために、保管している消費税分の資金が流出することも起こるのです。これが手元資金の不足による滞納です。税金を払うために会社が潰れては元も子もないからです。

でも、税金はきちんと納めなければいけないだろうと思う人もいるでしょう。では、納めた税金の使途はどうでしょうか。二〇二〇年から、コロナ対策で全国を対象に大きく財政出動が行われました。その結果、石川県能登町のように巨大なイカのモニュメントが誕生してしまった地域もあります。

地方創生臨時交付金から巨大イカに使われた予算は、およそ二千五百万円です。そうした使われ方は、報道やSNSを通じて瞬く間に広がり、納税者のモチベーションは下がります。行政がこれを正当化すれば、さらに納税者のモチベーションが下がります。これは、国民と行政のコミュニケーション不全の一例です。

憲法の話となると、自衛隊の位置づけや緊急事態の話をする人は多いのですが、そのための予算が無限に湧いてくるわけではありません。安全保障も含め、国家のあらゆる活動を行う予算の根本となるのは、国民の財産権と納税の義務にもとづく徴税との関係、言い換えれば国民と政府の関係なのです。この部分の機能不全の問題を再提起する議論なしに、日本の経済を基盤とした安全保障をはじめとする国家の活動を考えることはできないのではないでしょうか。

筆者は、基本的にできるだけ税金は少ない方がよいと考えています。できるだけ多く国民の手元にお金が残っていて、みんな自分でベストだと思うことに使う、これが一番良い経済をもたらすからです。だからといって、税金をゼロにしろというのは無理な話です。そこで、ひとつ提案できるのは、フラットタックスの導入です。

フラットタックスは、現在の累進課税に対して「均等税」や「一律課税」と訳されることが多いのですが、税の仕組みそのものを簡素化するのが本来の考え方です。

たとえば、消費税や所得税と法人税の税率をすべて一緒にすると何が起きるかというと、企業側が税金対策をしなくて済むようになるのです。納税も楽になりますし、嘘やごまかしがなくなって、その分の行政コストがかからなくなります。

現在、消費税は一〇%です。所得税は五%から四五%までの七段階に分かれていて、法人税は法人の種別や一定所得を超えるか超えないかでも税率が変わります。これを全部、たとえば八%にすると複雑な計算や膨大なチェックが必要なくなるのです。

税制は、複雑にすればするほど、色々なごまかしができてしまいます。そうではなく、税の品目も減らして、できるだけ簡素にすれば、経営者――特に中小企業の経営者は無駄なことに労力を割かずに済みます。そして手元に残ったお金は、必要なものにみんなが使っていく、使われた後で浮いた利益はシンプルな税制のもとできちんと納められるというサイクルができます。一言でまとめれば、「みんな、もう無駄なことはやめよう」ということです。

こうした議論の大元は、国民の財産権を政府が本当に尊重しているのか、納税者の権利は本当に保障されているかを考える、憲法とその運用に関する議論なのです。

※1 産経新聞「中国版ツイッター「微博」がネット監視員公募 報告件数上位者に「iPhone」進呈特典も」2017年
https://www.sankei.com/article/20170929-K7N3BXQSMBKO5OHVK4NKOLXWQI/

※2 公益財団法人 渋沢栄一記念財団 事業一覧
https://www.shibusawa.or.jp/eiichi/j_list.html

※３　世界銀行「世界の貧困層の４人に３人が『銀行口座持てず』—新データベース」２０１２年
https://www.worldbank.org/ja/news/press-release/2012/04/19/new-database-shows-three-quarters-of-worlds-poor-are-unbanked

※４　福場ひとみ「エルサルバドル：ビットコインの法定通貨化は「楽市・楽座」の再現？」２０２１年
https://sakisiru.jp/3769

※５　参議院　第１４２回国会　質問主意書（質問第一六号）「納税者の権利憲章に関する質問主意書」
https://www.sangiin.go.jp/japanese/joho1/kousei/syuisyo/142/syuh/s142016.htm

おわりに

本書のコンセプトは「自由で力強い民間企業や地域社会の力を信じること」で一貫しています。しかし、強弱に関係なく規制が増え続けている世の中にも関わらず、規制緩和が無根拠に口汚く批判される世の中において、本書を出版することには勇気が必要でした。

そして、翻って考えみると、現代の日本に求められていることは「勇気」であると改めて思います。

現代社会では社会的な問題が発生するたびに、私たちは「政府は何をしているのか！」と怒りの声をあげて、政府に新たな規制を求めることをやってしまいがちです。

これに関して知り合いの国会議員の方が述べていた言葉が印象に残っています。

「何か問題があると規制をしろと声をあげる人がいる。こちらとしてはそれでもいいけれども、国民はそんなに簡単に自由を手放していいのかとも同時に思う」

これが政治関係の人たちの偽らざる本音ではないかと思います。

そして、何かのトラブルが発生したとき、いたずらに怯えて政府に責任転嫁や依存することなく、私たちは自分たちが享受している自由の大切さについて勇気を持ってもう一度見直すことが必要だと思います。

私たちがより良い社会を創っていくために新しい規制が求められることもあります。しかし、一度作られた規制が見直されることは滅多にありません。そのため、時代遅れとなった規制や元々必要性が薄かった規制がそのまま残されていることがよくあります。

このような問題に対処するために、欧米先進国ではある一つの知恵が発見されました。それは「新たに規制を一つ作るなら、不要な規制を二つ廃止する」（2対1ルール）です。

実際には規制に伴う経済コストの金額で二対一になるようにするのですが、このようなルールを作っておくと、古くて必要性がなくなった規制が自動的になくなっていくことになります。社会にとっては風通しをよくすることになるため、海外の仕組みを参考にして自浄作用が働くやり方を日本でも積極的に取り入れていくべきでしょう。

規制を緩める、規制をなくすというと、今までのルールとは異なる状況になることについて不安を覚える人たちもいます。そして、「規制緩和反対！」の大合唱を始めるケースもあります。

しかし、私たちは大人の既得権にまみれた保身を子どもたちが見ていることを意識すべきです。そのような社会で育った子どもたちはいったいどうなってしまうでしょうか。

そして、規制だけでなく税金も次々と作り出し、故郷を補助金に頼らないと生きていけない地域にしてしまった大人を、子どもたちは本当に尊敬するでしょうか。

現役世代の努力を税金という形で吸い取って自らの懐に入れつつ、安牌《あんぱい》を切り続けて人生の逃げ切りを模索する大人の姿はみっともないものです。

今、日本に必要とされていることは、未来に向けて新しいことに挑戦する勇気であり、大人は子どもたちに勇気を見せていくことが必要です。それが、責任ある大人が本来果たすべき役割なのです。

したがって、本書の読者諸氏が大人としての勇気を持って前向きに生きるために、本書が何らかの役に立つことがあれば著者としては望外の喜びです。

最後まで本書にお付き合いいただき本当にありがとうございました。

本書の執筆に関して、度重なる締め切り違反にも関わらず、最後までお付き合いをいただいたワニブックスの川本悟史さん、ラジオ原稿の文字起こし、並びに本書の構成でご協力をいただいた倉山工房の細野千春さん、そして良きラジオパートナーである名嘉眞要さんに改めて謝意を表させていただきます。

令和三年八月末日

渡瀬裕哉

『無駄（規制）をやめたらいいことだらけ　令和の大減税と規制緩和』刊行によせて

名嘉眞要

僕たちは「アナキスト」ではありません

はじめまして。本書刊行の基である『渡瀬裕哉の日本経済復活大作戦』でラジオパーソナリティを務めさせていただいた名嘉眞要です。僕の活動理念は「日本の誇りを取り戻す」ことです。二〇二〇年一月、渡瀬さんの書籍を初めて読んで衝撃が走りました。その後すぐSNSサービス「Twitter」で唐突にメッセージを送り、日本を取り戻すための教えを乞いに直接突撃アポしたのは良い思い出です（笑）。

それからというものの、日本を元気にするためにはどうすれば良いのか、日々ヒントをいただいています。

今回は、渡瀬さんの日々の言論活動のヒントを得ながら、目まぐるしく動く「世界情勢とこれからの日本の立ち位置」、そして「安全保障」に焦点をあて、「減税」と「規制廃止」の大切さを寄稿させていただきます。

但しその前に、一つだけ前置きしたいと思います。「減税」と「規制廃止」の大切さを唱えると、国家の廃止を訴えるアナキスト（無政府主義者）と時折勘違いされることがありますが、勿論僕たちはアナキストではありません（というより、現在の日本は政治家と役人〈官僚〉と学者が全力で「大きな政府〈肥大化した政府〉」に向かっているので、無政府主義国になるわけがありません。その流れを少しでもせき止め、逆転させようと言っているだけです）。

さらに、僕たちは役人を悪者にする気も全くありません。むしろ「減税」と「規制廃止」は、長時間残業が当たり前でブラック労働を強いられている役人の環境を改善する方向でもあります。どういうことかというと、そもそも税金とは「予算」のことであり、規制は「法律」のことです。このまま政府が肥大化して税金（予算）や規制（法律）が増えると、役人一人あたりの仕事量が増えすぎて昨今問題視されている彼らのブラック労働に拍車が掛かります。そうなると役人のミスも増え政府の機能不全に繋がります。

したがって「減税」と「規制廃止」は官民双方の利害が一致し、互恵関係だということをここで強調しておきたいと思います。

日本のGDPが、世界九位に転落する日

前置きが長くなりましたが、それではまずＧＤＰの観点から現在の「日本の立ち位置」を客

観的に見ていきたいと思います。

GDPとは、G＝Gross（合計）D＝Domestic（国内）P＝Product（生産）のことで、日本語で「国内総生産」のことです。国内で生まれたモノやサービス（生産）をすべて足した数字のことをいいます。国の経済規模や国の豊かさを表す指標のことで、GDPが前年比で上昇していれば国内経済は拡大しているし、逆に下降していれば国内経済は縮小していると言い換えることができます。さて、このGDPを世界の中で相対的に比較してみることで、日本経済の実力を測ることができます。

では早速みてみましょう。二〇二〇年のGDPランキングは、アメリカ一位、中国二位、日本三位、ドイツ四位、イギリス五位となっています。では、三十年後のGDPはどうなっているのでしょうか。二〇五〇年のGDP予想は、中国一位、アメリカ二位、インド三位、日本四位、更に成長率が最も下振れする最悪シナリオでは、九位に転落してしまうというデータもあります。このように日本という経済大国が三十年後には、先進国から脱落する恐れが十分にあります。

ここで勢いがある「中国」に注目します。二〇〇一年、中国の世界に占めるGDPの割合は四％でした。しかし、二〇一八年にはなんと一六％にまで世界シェアを拡大させています。中国のGDPデータ発表などは誇張しているものもあるとはいえ、二〇〇一年から二〇一八年までの十七年間で急成長を遂げ続けてきたことは世界各国の誰が見ても明らかです。

では、中国が経済を急成長させた理由はどこにあるのか。それはまさに、本書で強調してきた「減税」と「規制廃止」政策にあります。中国では一九八〇年代頃より、当時の最高実力者・鄧小平《とうしょうへい》の指導体制のもと改革開放路線をとり、いわば民間企業に向けて好きに経済活動をさせる「経済自由化政策」を実行してきました。それから現在に至るまで、日本より真面目な資本主義（？）をやってきました。殊に、二〇三〇年代にはアメリカとＧＤＰが拮抗、前述したように二〇五〇年代には米国を抜く予想データまで出ています。

さて翻って、わが国「日本」はどうでしょうか。一九八〇年代の日本は、戦後の高度経済成長を経て「ジャパン・アズ・ナンバーワン」と呼ばれ世界で最も勢いのある経済大国でした。しかし、一九九〇年代に入りバブルが崩壊、経済の停滞が始まり、令和の時代に入りその経済停滞は「失われた三十年」とも呼ばれています。そして日本は今後、世界のＧＤＰランキングで四位に転落することは確実視され、更にランキング下位に転落することも十分にあり得ることは周知の事実です。

それでは、なぜ日本経済はこんなにも縮小してしまったのか。本書を読み終えた皆さんならばもうお分かりかと思います。日本経済の元気がなくなっていく原因は、人口問題などもありますが、一九九〇年以降じわじわと増え続けている「税金」と「規制」にあるのです。

本書の一部を繰り返し強調します。日本の税金・社会保障費などの負担率を示す国民負担率は、一九七〇年の「二四・三％」から二〇二〇年の「四六・一％」にまで引き上がっており、簡単に言えば私たちの国民負担は五十年前の約二倍に膨れ上がっています。さらに、総務省行政評価局によると、二〇〇二年三月に一万六百二十一個であった規制（許認可等）の根拠条項等数は、二〇一七年四月一日で一万五千四百七十五個まで増えています。つまり、この瞬間にも規制は一個増えているということになります。国民の手足を縛る税金と規制はじわじわと増え続けている。これが日本という国家の現実です。

第二次安倍政権、実はリベラル政権だった!?

ところで、みなさんの記憶に新しい自民党・第二次安倍政権（二〇一二年十二月～二〇二〇年九月）をここで挙げたいと思います。安倍元総理自身は保守派・右派の政治家として知られていますが、肝心な安倍政権は実は「保守・右派政策」とは真逆である、「リベラル・左派政策」を推し進めてきたのです。安倍政権は二〇一四年には消費税を五％から八％に引き上げ、二〇一九年には八％から一〇％に引き上げています。この増税は日本経済の足腰をガクっと弱らせ、その後の経済成長を鈍化させる原因となりました。

また、アベノミクス三本目の矢である「規制改革（規制緩和など）」では、規制緩和等によって民間企業や個人の潜在能力・真の実力を発揮できる社会を目指す政策でしたが、残念ながら事実上骨抜きにされました。全体でみると規制は減らず、むしろ「規制」は前述したように第二次安倍政権下でも増え続けてきたのです。

この増税と規制強化の状態に歯止めがかからず、このまま進行すれば、日本は政府が国民を監視する「社会主義国家」になってしまいます。それどころかもう既に、権威主義国家であり、共産主義国家と僕たちが揶揄して呼んでいる中国を笑えない状態に日本はなってしまっています。中国は日本より税金が低く、規制も少ないのです。日本ではいくら先進的なアイデアや技術があっても税金が重く、規制が多いので市場の豊かなアイデアや技術が死んでしまっています。一方、中国では中国共産党の体制崩壊につながること以外は、基本全てフリー、つまり税金も規制も少ないので市場のアイデアや技術が生きてくるのです。

では、どうすればいいのでしょうか。閉塞感漂う日本社会、日本経済を元気にしていく方法は、酸っぱく何度も言います。「減税」と「規制廃止」しかありません。少ない税金と少ない規制、つまり政府が民間企業の経済活動に口を出さなければ出さないほど、国というのは豊かになり、大きく富むことができます。

前述したように、中国は計画経済から脱し、改革開放政策をとってから凄まじい成長を遂げています。ここで、一つ。よくネットで散見される自称保守派の「中国はいずれダメになる。大した事ないから大丈夫だ」論調について意見を述べたいと思います。僕はこの「中国はどうせダメになる」論調こそ、現実を見ておらず、日本を油断させる売国論調だと思います。現に中国はここ数十年で飛躍的に経済成長し、統計操作があるにしても今や日本人より豊かな人がボロボロと出てきています。そしてその強力な経済力のもと強大な軍事力を持ち、台湾や尖閣諸島を脅かしているのではないでしょうか。僕はあえて言いたいと思います。中国をまず見習おう日本。その上で中国を打ち負かそう、と。

減税と規制廃止は、「安全保障」である

続いて、「減税・規制廃止」と「安全保障」の関係性を述べさせていただきます。

減税と規制廃止は、安全保障につながります。

近年、「中国が尖閣諸島周辺を侵犯」、「北朝鮮が日本海に向けてミサイル発射」など、日本が隣国に挑発されているニュースが流れると、「日本が弱いのは憲法九条のせいだ」「憲法九条

を改正し、自衛隊を国防軍にすれば日本は強くなり、国際社会で強固な地位を獲得できる」という言論が起こります。

しかし、これらは大きな誤解・ミスリーディングがあります。この言論には、「国家には軍事力さえあれば大丈夫、軍事力は隣国への抑止力になるので国家を永遠にかつ安泰に守れるのだ」という背景があります。確かに、国家にとって軍事力は非常に大切です。他国に対する抑止力は国際社会で物事を有利に進めるうえで非常に大切なもので、軍事力なき国は他国に蹂躙《じゅうりん》、侵略され、必ず滅びるという歴史の常があるので、自国の軍事力増強には力を入れなくてはなりません。ロシアや北朝鮮にみられる軍事力に傾倒した国力増強の背景はその最たる例です。

しかし、ここには大きく見落としていることがあります。それは何か。「軍事力」とは、「経済力」だという事です。軍事力とは必ずその国の経済力によって裏付けられ、支えられているものであり、経済無き軍事はあり得ません。一時的にあったとしても、持続は絶対に不可能です。つまり経済力こそ、潜在的な軍事力なのです。

この安全保障という観点からみると、日本に今必要なのは「憲法九条改正」よりまずは「日本経済復活」です。僕は(消極的な)憲法改正派ではありますが、いくら自衛隊を憲法に書き込み、自衛隊を国防軍に改編しても、経済力が衰退していれば軍事力を確保することができないので、今闇雲に改正議論が盛り上がっていることはむしろ危険だと思っています。今やることは憲法改正ではなく、根本的な国力回復議論ではないでしょうか。また、今の肥大化している機能不全な政府に自衛隊の防衛費増額を沢山求めても、燃費の悪い車にどんどんガソリンを入れているようなもので意味がありません。まともな政府を作り、確固たる経済力を確保してから初めて防衛費の議論ができます。防衛費を上げれば万事解決すると思ってはいけないのです。

繰り返しますが日本の周辺には中国との尖閣諸島問題、ロシアとの北方領土問題、北朝鮮との拉致《らち》問題、韓国との竹島問題など安全保障にまつわる様々な問題が渦巻いています。この数《あ》多《た》ある安全保障問題を根本的に解決できる手段こそ、日本経済の復活なのです。つまり、「減税」と「規制廃止」で日本経済を復活させ、元気な経済力をもって強い軍事力を裏付ける。これで初めて国際社会にむけて胸を張って発言、行動ができます。

本書では民間企業や個々人から見た税金や規制に焦点を当てていますが、国家（安全保障）の側面からしても「減税」と「規制廃止」は非常に大切だということを強く訴えたいと思います。

日本の誇りを取り戻す

最後になりますが、日本を取り戻す主役は、「日本国民」です。政治家や官僚では決してありません。国民にとって自由に経済活動ができ、自由なアイデアを自由に形にできる社会が良き社会だと僕は信じています。そしてそれが、国家としての「日本」にも大きくプラスになるのだと。

日本政治の舵を取る政治家の燃料は、「有権者」です。有権者が変われば政治家が変わり、政治家が変われば政治が変わり、「元気で力強い日本」を取り戻せます。一人ひとりの有権者が、減税と規制廃止を訴え、もう一度「ジャパン・アズ・ナンバーワン」を巻き起こしましょう。

頑張ろう、日本‼

Profile

渡瀬裕哉（わたせ ゆうや）

1981年東京都生まれ。早稲田大学公共政策研究所招聘研究員、事業創造大学院大学国際公共政策研究所上席研究員。選挙コンサルタントとして知事・市長のマニフェスト作成など公共政策の立案に携わる。その後、創業メンバーとして立ち上げたIT企業が一部上場企業にM&Aされてグループ会社取締役として従事。

現在、一般社団法人「救国シンクタンク」を立ち上げ政策提言活動を展開。また、減税・規制廃止を求める国民運動 一般社団法人「一国民の会」代表を務める。

著書に『なぜ、成熟した民主主義は分断を生み出すのか―アメリカから世界に拡散する格差と分断の構図』（すばる舎）『税金下げろ、規制をなくせ 日本経済復活の処方箋』（光文社新書）など多数。雑誌『プレジデント』（プレジデント社）にて連載中。

WEBニュース「SAKISIRU」でも定期的に寄稿。

「イイコト!」【明日の元気を創る人】（テレビ神奈川）、「渡瀬裕哉の日本経済復活の処方箋」（FMサルース）、インターネット番組「チャンネルくらら」などレギュラー出演中。

YouTube「チャンネルくらら」
https://www.youtube.com/channel/UCDrXxofz1CIOo9vqwHqfIyg

名嘉眞要（なかま かなめ）

1997年埼玉県生まれ。2019年11月クラウドファンディングで資金調達しYouTubeチャンネルを開設、「政治や経済を中学生でもわかりやすく」をモットーに日々発信中、現在登録者約3.7万人「日本の誇りを取り戻す」が合言葉。株式会社JapanPride代表取締役。一般社団法人「一国民の会」事務局長。減税地方議員連盟事務局長。2021年秋より記念動画制作サービス「わた史フィルム」を正式リリース予定。FMサルース（横浜）、FMしながわ「渡瀬裕哉 日本経済復活の処方箋」ラジオパーソナリティ。2021年2月～7月FM世田谷「渡瀬裕哉の日本経済復活大作戦」ラジオパーソナリティ。明治大学 情報コミュニケーション学部4年生。

YouTube「名嘉眞 要」チャンネル
https://www.youtube.com/channel/UCRjIEBqOe0UxIIoMNV6w_dFA

無駄《むだ》（規制《きせい》）をやめたらいいことだらけ

令和《れいわ》の大減税《だいげんぜい》と規制緩和《きせいかんわ》

2021年10月10日　初版発行

著者　渡瀬裕哉

構　成　細野千春（倉山工房）
編集協力　名嘉眞要
校　正　大熊真一（ロスタイム
編　集　川本悟史（ワニブックス）

発行者　横内正昭
編集人　岩尾雅彦
発行所　株式会社 ワニブックス
〒150-8482
東京都渋谷区恵比寿4-4-9 えびす大黒 ビル
電話　03-5449-2711（代表）
03-5449-2716（編集部）
ワニブックスHP　http://www.wani.co.jp/
WANI BOOKOUT　http://www.wanibookout.com/
WANI BOOKS News Crunch　https://wanibooks-newscrunch.com/

印刷所　株式会社 光邦
ＤＴＰ　アクアスピリット
製本所　ナショナル製本

ISBN 978-4-8470-7108-9